企业会计项目综合实训

王月华　顾洪梅　于水◎主编

中国书籍出版社
China Book Press

本书编委会

主　审 杨月华

主　编 王月华　顾洪梅　于　水

副主编 朱长玲　马晓艳　张云生　张玲玲
　　　　 张　宁　许振钢

编　委 尉莺凡　肖凌雁　丛少红　张宇清

前 言

"十三五"时期是我国全面建成小康社会的攻坚阶段，也是进一步深化会计改革与发展的关键五年。如何进一步夯实会计工作地位，切实发挥会计职能作用，推动我国实现会计大国迈向会计强国的目标，是我国广大会计人员肩负的重要使命，更是摆在我们广大会计教育者面前的重大课题。会计是经济管理的重要组成部分，强调理论与实际的结合，是一门实践性很强的学科。这就要求会计教学必须重视学生动手能力的培养，以增强其分析、解决实际问题的能力，进而加深其对理论知识的理解。所以会计实训是深化会计教学改革必不可少的环节。但在多年的教学实践中，我们发现仅靠传统教材的理论教学内容很难达到预想的教学效果，大部分学生在学习完会计理论课程后，对如何进行会计工作仍然一筹莫展。因此，经过几年的探索，这本会计综合实训教材终于完成了。

本教材以《企业会计准则》和《企业会计准则应用指南》为指导，结合"营改增"新税制的规定，以工业企业主要的、常见的经济业务为实例而编写。具有以下特色：

1. 内容真实、新颖。所提供的票据、单证样式都来自于实际工作中真实的票据、单证。特别是"营改增"后，原来征营业税的经济业务改为征增值税后，所用票据发生了很大变化，一律按新的规定处理。

2. 具有综合性。这本实训教材综合了《基础会计》、《财务会计》、《成本会计》、《税法》等课程的核心内容和方法，既是这些课程相关理论的综合应用，也是这些课程在相关会计技能技巧中的综合体现。

3. 实践性强。案例贴近实际，以一家制造企业一个月的经营活动为主线组织实训教学，业务内容遍及企业会计业务中的典型工作任务，按实际工作流程开展，可同步进行会计手工记账和会计电算化做账，让学生从两方面来掌握企业经济业务的处理，在做中学，在做中教，提高对企业会计工作和财务软件整体结构的认识，提高会计实践能力和专业判断能力。

4. 结构合理，方式灵活。整个实训案例资料分三部分，分别为实训教学指导、企业基本情况和企业发生的经济业务。结合本书，依据学校教学情况可安排3~4周的集中实训，也可作为全国会计技能大赛会计手工项目和会计电算化项目的强化训练资料。

本教材在几个教学周的试用过程中，发现问题就不断改进，效果较好，整个实训教学过程充分体现了以学生为主导、教师为指导的教学思想和方式，很多学生通过这门实训课程的学习，能够独立地完成经济业务的处理，找到了学好会计的自信心，为将来从事会计工作或其他与会计相关的工作打下坚实的基础。

本书是根据教育部新近发布的会计专业教学标准组织编写的会计实训课教材，内容深入浅出，实践性强，主要作为高职高专财经类专业会计手工模拟实训教材使用，也可作为高等院校会计学专业、财务管理专业及其他工商管理类学科的教学参考书，也可以作为在职会计人员培训及自学者自学用书。

本书由烟台工程职业技术学院经济管理系会计教研室的老师们共同完成，其中教师王月华、顾洪梅、于水担任主编并负责总体组织策划，朱长玲、张玲玲、张宁等担任副主编，并得到了学院系领导的大力支持和帮助。但由于时间仓促，加上编者水平有限，书中难免存在疏漏及不足之处，敬请广大读者提出，我们会虚心改正。

编者

2017 年 11 月

目 录

第一章　项目综合实训指导 ……………………………………………… 1
　　一、实训目的 …………………………………………………………… 3
　　二、实训任务 …………………………………………………………… 3
　　三、实训要求 …………………………………………………………… 3
　　四、实训材料准备 ……………………………………………………… 5
　　五、考核办法 …………………………………………………………… 5

第二章　企业情况介绍 …………………………………………………… 7
　　一、企业基本情况 ……………………………………………………… 9
　　二、企业会计岗位及其职责 …………………………………………… 9
　　三、企业有关会计政策 ………………………………………………… 9

第三章　企业实训业务资料 ……………………………………………… 13
　　一、企业期初余额及相关资料 ………………………………………… 15
　　二、企业经济业务 ……………………………………………………… 21
　　三、记录及证明经济业务发生的原始凭证 …………………………… 31

第一章 项目综合实训指导

一、实训目的

初级财务会计综合模拟实训的目的是培养学生的专业实践操作能力，使学生系统、全面地掌握企业会计核算的基本程序和方法，加强学生对会计基本理论的理解，将会计理论知识和会计实务工作有机地结合在一起。本次实训，学生要通过本书所给定的材料，模拟企业的全部会计工作，对于企业发生的经济业务，完成从会计凭证的填制、审核到设置并登记会计账簿、编制会计报表的全过程的实际操作训练。让学生置身于会计工作情境中，真正做到理论与实践相结合，为走向工作岗位打下坚实的基础。

二、实训任务

会计综合模拟实训是培养和提高学生专业技能的关键环节，教师要认真负责，每次实训都要做到有计划、有控制、有要求、有指导、有实训成绩、有实训讲评。学生在进行会计模拟实训时，态度要端正，目的要明确，作风要踏实，操作要认真，以一名会计人员的身份参与实训。

① 根据所提供的资料，填制与审核原始凭证。

② 根据所提供的原始凭证，在审核的基础上，严格按照有关规定填制会计凭证，包括会计凭证的编号、日期、业务内容摘要、会计科目等有关项目。

③ 编制科目汇总表，进行账户发生额的试算平衡，登记总分类账。

④ 根据所提供的资料，设置并登记各种账簿，包括库存现金日记账、银行存款日记账、明细分类账等，登账时要求字迹清楚，并按规定的程序和方法记账、结账，发现错账应用正确的方法更正。

⑤ 期末结账和对账，进行全部的账户发生额及余额的试算平衡。

⑥ 编制会计报表。

⑦ 对会计档案进行整理，并装订成册。

三、实训要求

1. 对指导教师的基本要求

① 按综合实训的要求购买会计用品。

② 对实训学生进行分组，一般为四人一组，每一位学生独立完成任务。

③ 发放实训用品，说明实训要求与考核办法。

④ 介绍实训企业基本情况与实训基本要求。

⑤ 指导学生建立总账和各种明细账。

⑥ 指导学生编制原始凭证、记账凭证和科目汇总表。

⑦ 指导学生登记总账和各种明细账。

⑧ 指导学生对账和结账。

⑨ 指导学生编制会计报表和编写财务分析报告。

⑩ 对学生的实训结果进行总结评比。

2. 对学生的要求

① 明确会计凭证的种类、作用，掌握会计凭证的填制和审核方法。掌握主要经济业务的账户的对应关系，运用借贷记账法编制正确的会计分录。

② 熟悉各种日记账的内容、格式，要求每日终了，对库存现金日记账进行日结。

③ 必须以凭证为依据登记账簿，了解明细分类账的种类、内容及格式，掌握明细分类账的登记方法。

④ 明确科目汇总表核算组织程序，掌握科目汇总表的编制及总分类账的登记等实际操作方法，以平行登记法登记总分类账和明细分类账。

⑤ 熟悉资产负债表、利润表的基本结构，明确不同报表的编制原理、编制依据及编制方法。

⑥ 整理会计档案，使实习资料有条理、系统、规范、整齐。

四、实训材料准备

序号	材料名称	数量	备注
1	记账凭证	160 页	
2	总账	1 本	
3	现金日记账	1 本	
4	银行存款日记账	1 本	
5	三栏式明细分类账	50 页	
6	原材料明细账	4 页	
7	生产成本明细账	2 页	
8	库存商品明细账	2 页	
9	增值税明细账	1 页	
10	固定资产明细账	1 页	
11	销售费用明细账	1 页	
12	管理费用明细账	2 页	
13	财务费用明细账	1 页	
14	凭证封面	1 份	
15	活页账装订封面	1 份	
16	科目汇总表	3 页	
17	资产负债表	1 份	
18	利润表	1 份	

五、考核办法

1. 平时表现

指导教师每天对学生实训出勤进行考核,以平时指导检查记录和考勤记录为依据，对每个学生在实习中的表现，如实习态度、工作作风、处理业务的能力、缺勤次数、独立完成程度等，予以评分，所占比例为实训成绩的20%。

2. 完成质量

包括规范程度与正确程度两个方面。规范程度占10%，包括数字书写、错账更正；正确程度占30%，包括账务处理、会计凭证、会计账簿及会计报表填列是否正确、规范，以及会计资料装订、保管是否规范。会计模拟操作情况的考核评定要点如下：

① 会计凭证、会计账簿、会计报表的操作是否独立完成并符合要求。

② 会计科目使用正确性。

③ 会计数据计算准确性。

④ 会计凭证、会计账簿中的摘要是否清楚。

3. 实训总结

学生在实训结束时要完成不少于2000字的实训总结，此部分占实训成绩的10%，按实训报告模板及要求，由教师评定。

4. 实训答辩考核

答辩考核占实训成绩的30%，通过实训答辩对学生实训的综合情况进行考核，教师就实训内容、程序、操作方法等，向学生提出问题，学生解答，考查学生对实训业务操作的理解和掌握情况，培养其分析问题和解决问题的能力。

第二章 企业情况介绍

一、企业基本情况

烟台化肥有限公司是 2007 年 10 月 24 日成立的有限责任公司,是集生产、流通于一身的大型企业。公司地址设在山东省烟台市开发区长江路 901 号,注册资本为 100000 万元,法人营业执照注册号为 371426228004162,开户银行为工商银行烟台分行营业部(坐落在烟台开发区天马中心办事处,账号为 1102020212141566789)。该公司纳税人为增值税一般纳税人,纳税人登记号:340208830021266;经营范围为:氯基复合肥和硫基复合肥的生产、销售。本公司设有一个基本生产车间——加工车间,一个辅助生产车间——维修车间,以及一个专设销售机构和厂部管理机构。公司生产的系列肥料,以其优异的产品质量、突出的肥效,享誉全国并受到广大农民朋友的赞扬。

二、企业会计岗位及其职责

该公司现有员工 802 人,其中管理人员 100 人,生产工人 600 人,销售人员 102 人。公司涉及的部分部门及部分员工的分工情况,如下表所示:

隶属部门	职务	分　　工
财务部	会计主管	记账凭证的审核、查询、对账、总账结账、编制会计报表
财务部	经营会计	总账(填制凭证、账表、期末处理、记账)
财务部	成本会计	材料、工资、折旧、生产成本等各种成本的核算及账务处理
财务部	出纳	收付款凭证填制、登记日记账,出纳签字、银行对账
采购部	采购员	采购管理
销售部	销售员	销售管理
仓管部	库管员	库存管理

三、企业有关会计政策

1. 会计工作组织及账务处理程序

本公司会计工作组织形式采用集中核算形式,账务处理采用科目汇总表账务处理程序,具体流程如下:

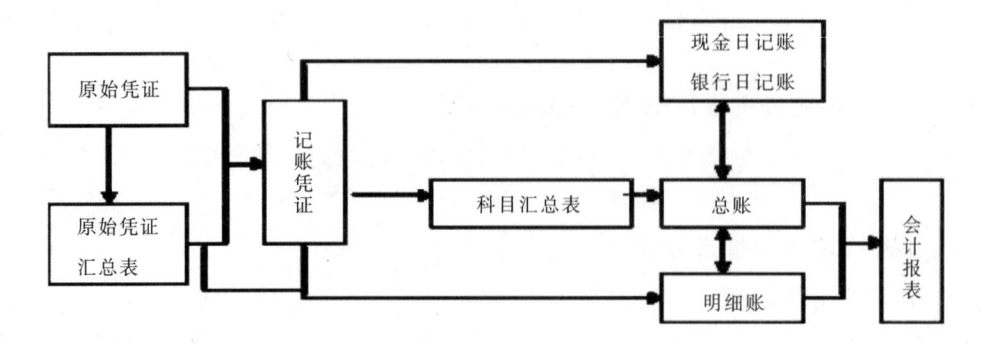

```
原始凭证 ──┐                          ┌── 现金日记账
           │                          │   银行日记账
           ├──→ 记账凭证 ──┬──→ 科目汇总表 ──→ 总账 ──┐
原始凭证    │              │                    ↕    ├──→ 会计报表
汇总表  ──┘               └─────────────→ 明细账 ──┘
```

2. 流动资产核算部分

（1）记账本位币：公司会计核算以人民币为记账本位币。

（2）库存现金：公司库存现金限额为6000元。

（3）坏账处理：每年末，按应收账款余额百分比法计提坏账准备，按应收账款余额的5‰计提坏账准备，各项其他应收款不计提坏账准备。

（4）存货核算：原材料中氯化钾、氯化铵的日常收发按计划成本计价核算，收入材料实际成本与计划成本的差异逐笔结转，材料成本差异按原料种类分别核算；材料成本差异率月终计算；发出材料的计划成本与应负担的成本差异于月末一次结转；C材料及包装袋按先进先出法核算。

（5）低值易耗品和包装物：采用一次摊销法。

（6）产成品的收发按实际成本计价核算。本月发出产成品的实际单位成本按全月一次加权平均法计算。

（7）工程物资核算：采用实际成本进行核算，先进先出。

3. 长期股权投资核算部分

（1）公司对东方公司的投资比例为30%，采用权益法核算。

（2）公司长期投资期末按可收回金额与账面价值孰低法计量，对可收回金额低于账面价值的差额，计提长期投资减值准备。

4. 固定资产核算部分

（1）采用平均年限法计提固定资产折旧。房屋建筑物类月折旧率为0.2%，机器设备类月折旧率为0.5%，运输工具类月折旧率为0.8%，电子设备类及其他月折旧率为1.6%。

（2）公司固定资产期末按可收回金额与账面价值孰低法计量，对可收回金额低于账面价值的差额，计提固定资产减值准备。

5. 无形资产核算部分

土地使用权摊销期限为50年。

6. 税金及附加核算部分

税种	具体税率情况
增值税	应税收入按 11%的税率计算销项税，并按扣除当期允许抵扣的进项税额后的差额计缴增值税
城市维护建设税	按实际缴纳的流转税的 7%计缴
教育费附加	按实际缴纳的流转税的 3%计缴
企业所得税	按应纳税所得额的 25%计缴

7. 利润及利润分配核算及其他部分

利润及利润分配以年度税后利润的 10%提取法定盈余公积金，按 5%计提法定公益金。年末可根据盈利情况按比例向投资者分配利润。

8. 其他说明

本书中假设主管、经手人已签字盖章。在计算过程中如出现小数除不尽的情况，则一律保留两位小数。

第三章 企业实训业务资料

一、企业期初余额及相关资料

2017年1~11月份的发生额及期末余额资料如下。

(一) 资产负债表有关账户总账和明细账余额资料

总账	明细账	11月月末余额	年初数
货币资金		826620.92	34087791.02
	库存现金	646.88	826.72
	银行存款	825974.04	34086964.30
交易性金融资产			
应收票据	烟台利农股份公司	102500.00	
应收账款		1864000.00	
	烟台利农股份公司	1200000.00	
	山东农化有限公司	200000.00	
	其他	464000.00	
坏账准备		9322.00	
预付款项		7125423.06	1773315.03
应收利息			
其他应收款			
		288787926.40	277226532.44
	借款	258733.35	245391.12
	押金	450.00	450.00
	其他	288528743.05	277027677.39
存货		144271825.52	130632167.28
	原材料	87729340.00	67796853.78
	在产品	6780980.35	4800251.58
	库存商品	49761505.17	58035061.92
划分为持有待售的资产			
一年内到期的非流动资产			
其他流动资产			
流动资产合计		442968973.90	443719805.77

15

续表

非流动资产：			
可供出售金融资产			
持有至到期投资			
长期应收款			
长期股权投资		9750000.00	9750000.00
	东方公司	9750000.00	9750000.00
投资性房地产			
固定资产		202820000.00	204600000.00
	房屋及建筑物	158000000.00	158000000.00
	机器设备	42000000.00	42000000.00
	运输工具	1300000.00	3100000.00
	电子设备及其他	1520000.00	1500000.00
累计折旧		79864281.49	88668571.24
在建工程		4140456.94	6986508.54
工程物资			
固定资产清理			
生产性生物资产			
油气资产			
无形资产		38000000.00	38000000.00
	土地使用权	38000000.00	38000000.00
累计摊销		6487179.42	5780042.32
开发支出			
商誉			
长期待摊费用			
递延所得税资产		1495401.96	1011746.52
其他非流动资产			
非流动资产合计		169854397.99	165899641.50
资产总计		612823371.89	609619447.27

续表

短期借款			
应付票据			
应付账款		141846937.99	178638584.66
	亚太集团有限公司	140986883.53	177345370.87
	大华公司	710054.46	1293213.79
	兴达化工有限公司	150000.00	
预收款项		41800.00	
应付职工薪酬		7641443.64	6640528.28
	职工工资	4399580.00	3753940.00
	职工福利费	840043.64	800528.28
	职工教育经费	200011.10	180007.70
	工会经费	200000.00	198009.60
	养老保险	923911.80	788327.40
	失业保险	87991.60	75078.80
	医疗保险	395962.20	337854.60
	工伤保险	21997.90	18769.70
	生育保险	43995.80	37539.40
	住房公积金	527949.60	450472.80
应交税费		321235.10	5099702.13
	增值税	288184.56	80256.12
	企业所得税		5007895.69
	个人所得税	10595.77	5129.83
	城市维护建设税	14409.23	4012.81
	教育费附加	8645.54	2407.68
应付利息			
应付股利			
其他应付款		4358197.96	1634295.31
	保证金及借款	1499594.56	826947.06
	其他	2858003.40	807348.25
划分为持有待售的负债			
一年内到期的非流动负债			
其他流动负债			
流动负债合计		154209614.69	192013110.38

续表

非流动负债：			
长期借款			
应付债券			
其中：优先股			
永续债			
长期应付款			
长期应付职工薪酬			
专项应付款			
预计负债			
递延收益	政府补助	9834722.55	10067342.09
递延所得税负债			
其他非流动负债			
非流动负债合计		9834722.55	10067342.09
负债合计		164044337.24	202080452.47
实收资本	山东化肥股份公司	100000000.00	100000000.00
其他权益工具			
其中：优先股			
永续债			
资本公积	资本溢价	50000000.00	50000000.00
减：库存股			
其他综合收益			
专项储备			
盈余公积		41467158.23	25753899.48
	法定盈余公积	40607622.86	24894364.11
	任意盈余公积	859535.37	859535.37
一般风险准备			
未分配利润		257311876.42	231785095.32
所有者权益合计		448779034.65	407538994.80
负债和所有者权益总计		612823371.89	609619447.27

续表

减：库存股			
其他综合收益			
专项储备			
盈余公积		41467158.23	25753899.48
	法定盈余公积	40607622.86	24894364.11
	任意盈余公积	859535.37	859535.37
一般风险准备			
未分配利润		257311876.42	231785095.32
所有者权益合计		448779034.65	407538994.80
负债和所有者权益总计		612823371.89	609619447.27

(二) 利润表有关账户发生额资料

项　　目	2017年1~11月累计数	上年数
一、营业收入	1073381814.26	1219376998.81
减：营业成本	859863295.37	1032155655.50
营业税金及附加	430523.05	93942.28
销售费用	1506072.77	3225370.75
管理费用	50000000.00	50000000.00
财务费用		
资产减值损失	87637.75	11967.07
加：公允价值变动收益（损失以"-"号填列）		
投资收益（损失以"-"号填列）		
二、营业利润（亏损以"-"号填列）	161494285.32	133890063.24
加：营业外收入	7149967.99	5357419.74
其中：非流动资产处置利得		
减：营业外支出	88306.20	
其中：非流动资产处置损失	52083.30	
三、利润总额（亏损总额以"-"号填列）	168555947.11	139247482.98
减：所得税费用	11423359.60	35169649.68
四、净利润（净亏损以"-"号填列）	157132587.51	104077833.30

（三）主要明细账余额资料

1. 原材料明细账户余额表

材料名称	单位	数量	计划单价	实际单价	金额
氯化钾	吨	38000	1300.00	1210.00	45980000.00
氯化铵	吨	34670	1100.00	1202.00	41673340.00
C材料	千克	52		500.00	26000.00
包装袋	个	100000		0.50	50000.00
合计					87729340.00

2. 库存商品明细账户余额表

产品名称	单位	数量	单价	金额
氯基复合肥	吨	17000	1490.00	25330000.00
硫基复合肥	吨	14287.43	1710.00	24431505.17
合计				49761505.17

3. 生产成本明细账户余额表

项目	直接材料	直接人工	制造费用	合计
氯基复合肥	3889684.71	155429.40	23474.10	4068588.21
硫基复合肥	2593123.14	103619.60	15649.40	2712392.14
金额	6482807.85	259049.00	39123.50	6780980.35

二、企业经济业务

以下是企业2017年12月份发生的各项经济业务。

12月1日：

1. 为行政管理部门采购办公用品，支付现金340元，收到普通发票。（附：普通发票）

2. 收到工商银行发来的收账通知，原来未收回烟台利农股份公司的欠款1200000元，已经收回到账。（附：委托银行收款凭证（收账通知联））

3. 与山东化肥股份有限公司签订投资协议，接受该单位的投资1000000元，收到转账支票一张，款项已经存入银行。（附：投资协议书、转账支票，制：进账单）

4. 企业闲置资金准备对外投资股票，将开户行基本存款户的 1200000 元，划转到证券公司资金户。（附：转账支票存根、证券营业部银行转存凭证）

5. 企业支付 1100000 元从招商证券公司购入东方电子公司同日发行的 5 年期企业债券 1000 份，债券票面价值 1000000 元，票面年利率为 10%；另支付相关税费 1000 元，该债券于年末支付利息一次，实际年利率为 7.53%，以转账支票付讫，企业将其划分为持有至到期投资。（附：证券买入委托单、凭证式国债收款凭证、转账支票存根）

6. 企业一栋写字楼原价 480 万，已提折旧 96 万，未计提资产减值损失，因转产闲置不用，现改为出租（采用成本模式进行后续计量）。（附：房屋租赁合同）

7. 收到出租写字楼月租金。（附：增值税专用发票、进账单）

12 月 2 日：

8. 公司车间购入一台机器设备，不需要安装即可投入使用。取得增值税专用发票注明买价 30000 元，增值税进项税额 5100 元，预计使用 10 年，开出转账支票支付，车间使用。（附：增值税专用发票，制：转账支票存根、固定资产验收单）

9. 公司采用托收承付结算方式向山东农化有限公司销售氯基复合肥，开出的增值税专用发票上注明氯基复合肥售价 18000000 元，增值税销项税额 1980000 元，并向烟台顺达物流有限公司支付代垫运费 20000 元，氯基复合肥已经发出，向银行办理了托收承付手续。合同规定付款条件"2/10，1/20，n/30"（计算现金折扣时不考虑增值税）。（附：增值税专用发票，制：转账支票存根、托收承付凭证（回单））

10. 用银行存款缴纳上月应交未交增值税 288184.56 元、城建税 14409.23 元、教育费附加 8645.54 元、个人所得税 10595.77 元。（附：税收缴款书，制：转账支票存根）

12 月 3 日：

11. 公司向亚太集团有限公司购入生产产品的氯化钾 10000 吨，每吨 1205 元，增值税专用发票上注明价款为 12050000 元，增值税税额 2048500 元，材料已经验收入库，货款尚未支付。（附：收料单、增值税专用发票）

12. 收到企业开户行的收账通知，上月 25 日托收的烟台利农股份公司的带息商业承兑汇票到期，面值为 100000 元，期限为 5 个月，年利率为 6%，收回的票面金额和汇票利息已转入银行。（附：委托银行收款凭证（收账通知）、应收票据利息计算表）

13. 给金胜机械维修厂开出一张转账支票，支付本企业生产车间的设备维修费 6500 元。（附：山东工业企业统一发票，制：中国工商银行转账支票）

14. 从银行提取库存现金 3500 元备用。（制：库存现金支票）

12月4日：

15. 办公室员工张林出差，向财务部门借款1500元，用现金支付。（附：借款单）

16. 企业从招商证券公司购入天龙公司的普通股股票10000股，每股8元，并将其划分为交易性金融资产。另外支付相关交易费用金额2000元，通过"其他货币资金—存出投资款"专户划转款项。（附：股票交割单（买单））

17. 向烟台利农股份公司销售一批硫基复合肥1500吨，开出增值税专用发票，注明硫基复合肥售价3000000元，增值税税额330000元，产品已发出，委托烟台田丰物流有限公司运输，并且通过银行转账垫付运杂费3000元，款未收，但是收到一张商业承兑汇票。（附：商业承兑汇票，制：增值税专用发票、转帐支票存根）

18. 为了生产需要，公司通过银行转账购买一项非专利技术。该项非专利技术系烟台农业研究所研发，市场售价150000元。公司购买后从本月月末开始摊销，预计摊销年限为10年。（附：收据，制：转账支票存根）

12月5日：

19. 预付下年的财产保险费24000元，开出转账支票支付。（附：保险费专用发票，制：转账支票）

20. 公司与山东农化有限公司签订购销合同，销售氯基复合肥和硫基复合肥。开出的增值税专用发票上注明，销售氯基复合肥15000吨，不含税金额27000000元，增值税销项税额2970000元；销售硫基复合肥8000吨，不含税金额16000000元，增值税销项税额1760000元，款未收，已向银行办妥托收承付手续。并且合同规定付款条件"2/10、1/20、n/30"（计算现金折扣时不考虑增值税）。（附：增值税专用发票、货物运单、转账支票存根，制：托收承付凭证（回单））

21. 公司收到本月2日销售给山东农化有限公司的氯基复合肥货款，并且按照合同规定给予了现金折扣，收到的款项存入银行。（附：转账支票，制：进账单）

22. 为了到济南农化厂购买原材料，现向银行提交申请办理银行汇票，金额为15000000元。（附：银行汇票，制：汇票委托书）

23. 向烟台方硕物资有限公司购入工程物资一批，用于生产车间的建设，该生产车间于2016年5月开工建设，增值税专用发票列明价款60万元、增值税额10.2万元，均以银行存款支付。（附：增值税专用发票、转账支票存根、物资验收单）

12月6日：

24. 厂部采购员持银行汇票去济南农化厂采购原材料，取得增值税专用发票上注明氯化铵10000吨，每吨单价1200元，计税价格12000000元，销项税额2040000元。济南农化厂代垫托运费，剩余款退回原来银行账户。（附：增值税专用发票、运费发票、银行汇票（多余款收账通知））

25. 公司向大华公司采购4000吨氯化钾，单价为1205元/吨，取得增值税专用发票，款未付。材料经验收发现短缺1吨，经查明短缺原系运输途中合理损耗，剩余的3999吨已验收入库。（附：增值税专用发票、收料单，制：原材料溢缺报告单）

26. 公司委托万嘉加工厂制造化肥用的包装袋，6日发出加工材料C材料50千克，预计在本月11日加工完成。（附：委托加工发料单）

12月7日：

27. 6日从济南农化厂采购的10000吨氯化铵到货，经验收无误入库。（制：收料单）

28. 公司收到客户信丰农贸有限公司预付的订购硫基复合肥的款项600000元，已将银行汇票送存银行。（附：银行进账单）

29. 用银行存款购买印花税税票800元。

12月8日：

30. 公司出售4日从招商证券公司购入的普通股票5000股，每股售价12元，相关税费600元，实得款项转入账户"其他货币资金—存出投资款"。（附：股票交割单（卖单））

31. 公司持有一张未到期的无息商业承兑汇票向银行申请贴现，该汇票票面金额15000元，汇票承兑人是山东农化有限公司。（附：票据贴现凭证）

32. 公司为了拨付职工幼儿园经费，现签发一张工商银行转账支票3000元，收到收据。（附：收据，制：转账支票存根）

33. 领用工程物资用于建设生产车间。（附：出库单）

34. 以现金支付公司发生的业务招待费848元。（附：增值税专用发票）

12月9日：

35. 公司采用分期收款的销售方式向烟台销售氯基复合肥，开出增值税专用发票，注明氯基复合肥1000吨，每吨1800元，计价款1800000元，增值税销项税额为198000元。签订的购销合同约定该销售分三次等额收款。当日是第一次收款666000元，剩余款项分别在12月19日和29日收回。（附：增值税专用发票、进账单）

36. 开出一张转账支票，预付下一年报刊费4800元。（附：收据，制：转账支票存根）

37. 购入链式粉碎机一台用于生产，价值150000元，增值税进项税额25500元，以转账支票付讫，机器已运回，投入安装。（附：增值税专用发票，制：转帐支票存根）

38. 办公室张林报销差旅费1000元，借款余额交回财务部门。（制：收款收据）

12月10日：

39. 以库存现金1000元支付粉碎机的安装费。（附：收据）

40. 粉碎机安装完毕交付基本生产车间使用，预计使用15年。（制：固定资产验收单）

41. 根据合同向丰瑞农贸厂销售氯基复合肥2000吨，每吨售价1800元，计价款3600000元，增值税销项税额396000元；销售硫基复合肥1500吨，每吨售价2000元，计价款3000000元，增值税销项税额330000元；产品已发出，办妥托收承付手续。（附：增值税专用发票）

12月11日：

42. 以转账支票支付前委托万嘉加工厂加工包装袋的加工费25000元，增值税进项税额4250元。（附：增值税专用发票，制：转账支票存根）

43. 包装袋加工完成100000个验收入库。（制：委托加工物资收料单）

44. 前购买的交易性金融资产天龙公司宣告发放现金股利3000元。（附：现金股利发放宣告书）

45. 以转账支票支付产品广告费。（附：增值税专用发票，制：转账支票存根）

12月12日：

46. 销售给信丰农贸有限公司硫基复合肥1000吨，每吨售价2000元，计价款2000000元，增值税销项税额220000元，产品已发出，款项已于12月7日预收600000元，差额款约定在12月15日前归还。合同规定付款条件"2/10, 1/20, n/30"（计算现金折扣时不考虑增值税）。（附：增值税专用发票）

47. 接银行托收承付凭证（收账通知），本月10日向丰瑞农贸厂销售的产品货款已收账。（附：托收承付凭证（收账通知））

48. 出包承建简易仓库一栋，支付给烟建集团工程款400000元。（制：转账支票）

12月14日：

49. 收到天龙公司发放现金股利，转入"其他货币资金—存出投资款"专户。（附：进账单）

50. 通过烟台市政府向农村义务教育捐款50000元。（附：收款收据，制：转账支票）

12月15日：

51. 接银行收账通知，收到信丰农贸有限公司12月12日购货货款，在规定的现金折扣期限内付款。（附：托收承付（收账通知））

52. 12月1日至15日领用材料汇总，据领料汇总表结转各项材料。（附：领料单，制：领料汇总表）

53. 提取现金发放上月的职工工资。（附：工资结算汇总表、现金支票存根）

54. 企业开出转账支票交纳各种社会保险费。

55. 企业开出转账支票交纳住房公积金。

56. 开出库存现金支票从银行提取库存现金9740元。（制：现金支票）

57. 支付离休、退休人员离休、退休金9740元（附：离休、退休金发放清单）

58. 签发转账支票支付离休、退休人员代扣款项。（附：水电费收据，制：转账支票存根）

12月16日：

59. 企业将不需用的电机一台报废，该机器设备账面原值为50000元，已提折旧45000元，预计使用10年，已用9年。（附：固定资产报废单）

60. 以转账支票支付电机清理费500元。（制：转账支票存根）

61. 取得电机变价收入1000元，款项收存银行。（附：废品收购凭证、进账单）

62. 从威海市五金厂购买五金专用工具20件，每件480元，计价款9600元，增值税进项税额1632元，价税款以转账支票付讫，工具已验收入库备用。（附：增值税专用发票、转账支票存根、收料单）

12月18日：

63. 收到职工赵海违纪罚款现金200元。（制：收款收据）

64. 以自产氯基复合肥100吨对华兴公司进行投资，经确认按公允价进行投资，公允价为180000元，增值税率11%，出资金额占华兴公司出资总额的5%。（附：出库单、投资协议书，制：增值税专用发票）

65. 向烟台金德汽车有限公司购入管理用小汽车一辆，价款111111.11元，税额18888.89元，购置税为价款的10%，均以银行存款支付。（附：增值税专用发票，制：转账支票存根）

12月19日：

66. 从银行取现3000元以备用。（制：现金支票）

67. 接到银行收账通知，收到烟台利农有限公司分期付款的第二期货款，计666000元。（附：进账单）

68. 现金垫付职工王晓天的医药费784元。（附：收款收据）

69. 向烟台光明花卉有限公司销售氯基复合肥2000吨，每吨售价1800元，价款3600000元，增值税税率11%，产品已经发出，以转账支票垫付运杂费4000元，货款尚未收到。（附：货物运单，制：增值税专用发票、转账支票存根）

12月20日：

70. 接到银行付款通知，支付公司12月份电话费7600元。（附：特约委托收款凭证（付款通知））

71. 本月出包承建的简易仓库工程完工，实际造价 1000000 元，经验收合格交付使用，余款以转账支票付讫。（附：收据、固定资产验收单，制：转账支票存根）

72. 接受政府补贴 300 万元，用于治理环境污染。（附：银行进账单）

12 月 25 日：

73. 由于山东福达有限公司发生财务困难，长达 3 年未按原协议偿还欠款，所欠 200000 元货款确认为坏账损失。（附：关于坏账确认的请示）

74. 向山东农化有限公司发出硫基复合肥 10000 吨，每吨 2000 元，货款共 20000000 元，增值税率为 11%，货款尚未收回。（附：增值税专用发票）

75. 向山东宜兴环保有限公司购入环保设备一台，增值税专用发票列明价款 2000000 元，税额为 340000 元，款已支付。（附：增值税专用发票、转账支票存根、固定资产验收单）

76. 从山东国梅电器有限公司外购空调 100 台，用于管理层职工福利，每台 3000 元，增值税为 17%。款已付。（附：增值税专用发票、转账支票存根、物资入库单）

12 月 26 日：

77. 用现金支付行政部门车辆加油费 550 元。（附：山东省国家税务局通用机打发票）

78. 收到山东农化有限公司在 12 月 5 日购入本公司化肥的货款。（附：进账单）

79. 从证券交易市场中购入金晶股份公司发行在外的普通股股票 200000 股作为可供出售金融资产核算，每股支付购买价款 10 元，每股包括已宣告但尚未发放的现金股利 0.20 元，另支付相关交易费用 4100 元。（附：委托买入交割单，制：转账支票）

12 月 29 日：

80. 接到银行收账通知，收到烟台利农有限公司分期付款的第三期货款，计 666000 元。（附：进账单）

81. 收到金晶公司派发的现金股利 40000 元，存入公司账户。（附：进账单）

82. 公司销售部门报销办公用品费 800 元，以现金支付。（附：增值税普通发票）

83. 出售一项土地使用权给正大股份有限公司，取得收入 2000000 元，收到对方公司开出的转账支票一张，存入银行。经查，该土地使用权原值 2500000 元，累计摊销 1000000 元。（附：转账支票、增值税专用发票，制：进账单、已售土地使用权计算表）

84. 以银行存款支付烟台市展览馆产品展销摊位费 4800 元。（附：收据、转账支票存根）

85. 建设生产车间发生薪酬 14 万元，以转账支票支付。（附：转账支票存根）

86. 车间建设完工，检验合格交付使用。预计可以使用 20 年，预计净残值为零。（附：检验合格证）

12 月 30 日：

87. 供应商已破产，所欠兴达化工有限公司货款 150000 元无法支付。（附：处理申请）

88. 车间工人刘岚违反车间操作规定，对其罚款现金 300 元。（制：收款收据）

89. 行政办公楼粉刷完工，银行转账支付费用 62800 元。（附：通用机打发票，制：转账支票）

90. 办公室职员王猛报销汽车修理费 300 元，用现金支付。（附：增值税专用发票）

91. 新聘任经理一人，公司为其提供住房一套，每月租金 3000 元，费用由公司支付。（附：转账支票存根）

12 月 31 日：

92. 计提商业承兑汇票的利息，采用算尾不算头的方法计算天数。（制：应收票据利息计算表）

93. 计提本月 1 日购入的企业债券应计利息。（制：应收债券利息计算表）

94. 根据"工资结算汇总表"编制"工资分配汇总表"进行工资分配。（其中：生产工人工资按产品定额工时进行分配）（制：应付职工薪酬分配计算表）（产品产量见 113 题）

95. 按应付职工薪酬总额的 14% 计提本月职工福利，编制"职工福利计提表"，进行职工福利的分配。（制：职工福利计提表）

96. 按工资总额的 2% 计提工会经费，按工资总额的 2.5% 计提职工教育经费。（制：工会经费和职工教育经费计提表）

97. 按工资总额的 12% 计提住房公积金。

98. 按工资总额的 33.5% 计提社会保险（养老 21%、失业 2%、医疗 9%、工伤 0.5% 及生育 1%）。

99. 计提全年一次性奖金 65 万元。其中基本生产车间工人 9 万元，基本生产车间管理人员 10 万元，机修车间 11 万元，销售机构业务员 11 万元，销售经理 12 万元，公司管理人员 12 万元。（附：全年一次性奖金明细汇总表）（生产工人奖金按工资比例进行分配）

100. 计提本月份固定资产折旧（按月初提供的资料计提）。（附：固定资产折旧计提表）

101. 计提本月份出租写字楼折旧。（制：投资性房地产折旧计提表）

102. 摊销本月应负担的无形资产价值。（制：无形资产摊销表）

103. 将12月16日至31日领用材料汇总，根据领料汇总表结转各批次材料。（附：5张领料单，制：领料汇总表）

104. 根据本月"收料单"编制本月"原材料收入汇总表"，计算并结转本月入库原材料成本差异。（制：原材料收入汇总表）

105. 根据本月原材料成本差异率（按类计算），编制"发出材料成本差异计算表"，结转本月份发出材料应负担的成本差异。（制：本月原材料成本差异率计算表、本月发出材料成本差异计算表）

106. 结转分配本月应负担的水费、电费。（附：本月水费、电费耗用明细表）

107. 计提坏账准备，按应收账款账户期末余额的5‰计提。（制：坏账准备提取计算表）

108. 年终调整交易性金融资产成本与公允价值的差额。（制：金融资产成本与公允价值比较表）

109. 公司持有长期股权投资的东方公司实现净利润1800万元。

110. 东方公司由于可供出售金融资产公允价值变动增加其他综合收益300万元。

111. 计算并结转本月的辅助生产成本。（制：辅助生产成本分配表）

112. 计算并结转本月的制造费用。（制：制造费用分配表）

113. 本月产品全部完工入库，其中氯基复合肥20000吨，硫基复合肥13000吨，计算并结转产品的生产成本。（制：产品入库单）

114. 计算并结转本月应交纳的增值税、城市维护建设税及教育费附加。（制：税金及附加计算表）

115. 根据本月销售产品，采用月末一次加权平均法，计算甲、乙两种产品的销售成本并予以结转。（制：本月产品出库单）

116. 将本月收益类账户发生额全部结转"本年利润"。（制：收益类账户发生额汇总表）

117. 将本月支出类账户发生额全部结转"本年利润"。（制：支出类账户发生额汇总表）

118. 根据全年利润总额计算全年应交所得税费用并结转。（制：应交所得税费用计算表）

119. 根据上年未分配利润和本年净利润进行利润分配，按10%计提法定盈余公积，按5%计提法定公益金，按20%向投资者分配利润。（制：利润分配表）

120. 将"本年利润"账户余额和"利润分配"各明细账户的余额全部结转到"利润分配—未分配利润"明细账户，结出余额。（制：本年利润和利润分配结转表）

121. 编制试算平衡表进行试算平衡。
122. 结算日记账、总账和各明细分类账本期发生额和期末余额。
123. 将总账与日记账、各明细分类账核对。
124. 编制 12 月份资产负债表。
125. 编制 12 月份利润表及 2017 年度利润表。

三、记录及证明经济业务发生的原始凭证

12月1日发生业务：

1.

烟台市商业零售统一发票

发票联　　　　　　　　　　NO. 00539

客户名称：烟台化肥有限公司　　2017年12月1日

货号	品名及规格	单位	数量	单价	金额 万 千 百 十 元 角 分
	办公用中性笔	支	50	2	1 0 0 0 0
	硬皮本	本	30	8	2 4 0 0 0
合计金额（大写）	⊗万⊗仟叁佰肆拾零元零角零分				¥ 3 4 0 0 0
付款方式	库存现金付讫	开户银行及账号			

收款企业：烟台华杰文具发票专用章　　收款人：张立　　开票人：李明

2.

(邮) 中国工商银行托收承付凭证（收账通知）

委托日期：2017年11月25日

承付日期：2017年12月1日

付款人	全称	烟台利农股份公司	收款人	全称	烟台化肥有限公司
	账号或地址	1102020212141532568		账号或地址	1102020212141566789
	开户银行	工行友谊路办事处		开户银行	工行天马中心办事处
托收金额	人民币（大写）：壹佰贰拾万元整			千 百 十 万 千 百 十 元 角 分 ¥ 1 2 0 0 0 0 0 0 0
附件	商品发运情况			合同名称号码
附寄单证：4张	铁路			958

备注：
中国工商银行
天马中心办事处
转讫

上列款项已由付款人开户银行全额划回收入你方账户。
此致！
收款人
（收款人开户行盖章）月　日

科目：
对方科目：
转账日期：2017年12月1日
单位主管：　　会计：
复核：　　记账：

3.

投资协议书

2017 年 12 月 1 日

投资单位	山东化肥股份有限公司（甲方）	接受单位	烟台化肥有限公司（乙方）
账号或地址	1102020212141512344	账号或地址	1102020212141566789
开户银行	工行济南人民路办事处	开户银行	工行天马中心办事处
投资金额	人民币（大写）：壹佰万元整		
协议条款	经双方友好协商达成如下协议： 1. 投资期限5年。 2. 在投资期限内甲方不得抽回投资。 3. 在投资期限内乙方保证甲方投资保值和增值。 4. 在投资期限内乙方应按利润分配规定支付甲方利润。 5. 未尽事宜另行商定。 甲方代表签字：王子　　乙方代表签字：王伟		

中国工商银行 进账单（回单或收账通知）

年　月　日

出票人	全称		收款人	全称									
	账号			账号									
	开户银行			开户银行									
					千	百	十	万	千	百	十	元	角	分
人民币（大写）：													
票据种类		票据张数		收款人开户银行盖章： 中国工商银行 天马中心办事处 转讫									
票据号码													
单位主管：略　会计：略　复核：略　记账：略													

中国工商银行转账支票 No.01448456

出票日期（大写）贰零壹柒年壹拾贰月零壹日　付款行名称：工行济南人民路办事处
收款人：烟台化肥有限公司　　　　　　　　　出票人账号：1102020212141512344

人民币	亿	千	百	十	万	千	百	十	元	角	分
（大写）壹佰万元整		¥	1	0	0	0	0	0	0	0	0

用途 _____　　　　　　　密码 _____
上列款项请从
我账户内支付

（山东化肥有限公司 财务专用章）
华王印天

出票人签章　　　　　　复核：略　　　　记账：略

4.

中国工商银行 转账支票存根

支票号码：001201

科目

对方科目

签发日期　年　月　日

收款人：	
金　额：	
用　途：	
备　注：	

单位主管：略　　会计：略
复核：略　　　　记账：略

烟台市证券营业部(银行转存)凭证
2017 年 12 月 1 日

收款人	全称	烟台化肥有限公司	付款人	全称	烟台化肥有限公司
	账号或地址	1102020212141456234		账号	1102020212141566789
	开户银行	工行证券公司办事处		开户银行	工行天马中心办事处

人民币（大写）：壹佰贰拾万元整

千	百	十	万	千	百	十	元	角	分
¥	1	2	0	0	0	0	0	0	0

| 票据种类 | 转账支票 |
| 票据号码 | 1 |

收款人开户银行盖章：
中国工商银行 天马中心办事处 转讫

单位主管：略　会计：略　复核：略　记账：略

5.

中国工商银行
转账支票存根

支票号码：001202

科目 _____

对方科目 _____

签发日期 2017 年 12 月 1 日

收款人：招商证券公司
金　额：¥1101000.00
用　途：购买债券
备　注：

单位主管：略　　　会计：略

复核：略　　　　　记账：略

招商证券公司

成交过户交割单

2017 年 12 月 1 日　　　　　　③通知联

（买）

股东编号	C00385	成交证券	企业债券
电脑编号	550	成交数量	1000
公司名称	东方电子公司	成交价格	1100
申报编号	231	成交金额	1100000
申报时间	051125	佣金	900
成交时间	051201	过户费	70
上次余额	0（手）	印花税	30
本次成交	10（手）	应付金额	1101000
本次余额	10（手）	附加费用	
本次库存	10（手）	实收金额	

经办单位：证券公司门市部　　　　　　客户签章：（烟台化肥有限公司 财务专用章）

招商证券公司营业部 No.01201
委托书合同号：1120

资金账号：618568 证券账号：B00450
委托人：烟台化肥有限公司 2017 年 11 月 25 日

证券名称	股数与面额	限价	有效期间	附注	委托方式
企业债券	1000	1100	2017 年 12 月 5 日前		当面委托

营业员签章：叶永华 委托人签章：杨为

6.

租 赁 合 同

出租方： 烟台化肥有限公司 （以下简称甲方）

承租方： 烟台星星电子公司 （以下简称乙方）

根据《中华人民共和国合同法》及有关法律法规的规定，甲乙双方在平等、自愿、协商一致的基础上就房屋租赁事项达成如下协议：

第一条 租赁房屋（场所）座落在烟台开发区，使用面积 130 平方米，属甲方房产。

第二条 租赁期限：从 2017 年 12 月 1 日至 2018 年 11 月 30 日。

第四条 该房屋月租金 40000 元，乙方每月月初支付给甲方。

……

第七条 本协议未尽事项，双方可签订补充协议，补充协议与本合同具有同等法律效力。

第八条 本协议一式 2 份，甲乙双方各执 1 份。

甲方：（烟台化肥有限公司 合同专用章） 乙方：（烟台星星电子公司 合同专用章）

2017 年 12 月 1 日

7.

山东增值税专用发票

3700129111　　　　　　　　　　　　　　　　　　　　　　　No.36231001

此联不作报销、扣税凭证使用

开票日期：2017年12月1日

购货单位	名　称：烟台星星电子公司 纳税人识别号：340208830012654 地址、电话：烟台福山区长春路102号 0535-6432844 开户行及账号：工行福山支行 1102020212142456321	密码区	503212 # 3 % 8 9/>+<1 3 加密版本： 7 5<- <×+- - 5 5 2- </4 03 9 2<- 2 2- 12045 3- 6 3> 3700031363 8 7 1 7 2 6 8 2 245457+0 25631

货物或应税劳务名称	规格型号	单位	数量	单价	金额	税率	税额
房租		月	1	40000.00	40000.00	11%	4400.00
合　　计					￥40000.00		￥4400.00

价税合计（大写）　⊗肆万肆仟肆佰元整　　　（小写）￥44400.00

销货单位	名　称：烟台化肥有限公司 纳税人识别号：340208830021266 地　址、电话：烟台开发区长江路901号 0535-6372901 开户行及账号：工行天马中心办事处 1102020212141566789	备注	（烟台化肥有限公司 340208830021266 发票专用章）

收款人：略　　　复核：略　　　开票人：略　　　销货单位(盖章)：

中国工商银行 进账单（回单或收账通知）

2017年12月1日

收款人	全　称	烟台化肥有限公司	付款人	全　称	烟台星星电子有限公司
	账　号	1102020212141566789		账　号	1102020212142456321
	开户银行	工行天马中心办事处		开户银行	工行福山支行

人民币（大写）：肆万肆仟肆佰元整　　　千百十万千百十元角分
　　　　　　　　　　　　　　　　　　￥　4 4 4 0 0 0 0

| 票据种类 | 转账支票 | 票据张数 | 1 | 收款人开户银行盖章： |
| 票据号码 | | 43210132 | | 中国工商银行
天马中心办事处
转讫 |

单位主管：略　　会计：略　　复核：略　　记账：略

12月2日发生业务：

8.

山东增值税专用发票

3700129242　　　　　　　　　　发票联　　　　　　　　　　No.36134657

全国统一发票监制
国家税务局监制

开票日期：2017 年 12 月 2 日

购货单位	名　称：烟台化肥有限公司 纳税人识别号：340208830021266 地址、电话：烟台开发区长江路901号 0535-6372901 开户行及账号：工行天马中心办事处 1102020212141566789						密码区	503 4 # 3 % 8 9/>+<1 3 7 加密版本： 5<- <x+- - 5 5 2- </4 9 01 2<- 2 2- 1 3- 3- 6 3>8 7 3700031116 1 7 2 6 8 2 6 7 0<7+0　　1785001	
货物或应税劳务名称	规格型号	单位	数量	单价	金额		税率	税额
机器设备		台	1	30000.00	30000.00		17%	5100.00
合　计					¥30000.00			¥5100.00
价税合计（大写）	⊗叁万伍仟壹佰元整				（小写）¥35100.00			
销货单位	名　称：东元机械厂 纳税人识别号：340202235600333 地址、电话：烟台开发区长江路99号 0535-6937289 开户行及账号：工行长江路分理处 1102020212141566011						备注	东元机械厂 340202235600333 发票专用章

收款人：略　　　复核：略　　　开票人：略　　　销货单位(盖章)：

第三联：发票联　购货方记账凭证

中国工商银行
转账支票存根

支票号码：001203

科目 _____

对方科目 _____

签发日期　　年　月　日

| 收款人： |
| 金　额： |
| 用　途： |
| 备　注： |

单位主管：略　　会计：略
复核：略　　　　记账：略

43

固定资产验收单

年　月　日

名称	单位	数量	价格	预计使用年限	使用部门

备注	

制单：略　　　　　　　　　　　　审核：略

9.

山东增值税专用发票

3700129112　　　　　　　　　　　　　　　　　　　　　　　　　　No.36231002

此联不作报销、扣税凭证使用

开票日期：2017 年 12 月 2 日

购货单位	名　　称：山东农化有限公司 纳税人识别号：340208830012345 地址、电话：济南市人民路 15 号 0531-86837279 开户行及账号：工行济南人民路办事处 1102020212141512344	密码区	503 4 # 3 % 8 9/>+<1 3 7 5<- <x+- - 5 5 2- </4 9 2<- 2 2- 1 3- 3- 6 3>8 7 1 7 2 6 8 2 6 7 0<7+0

货物或应税劳务名称	规格型号	单位	数量	单价	金　额	税率	税　额
氯基复合肥		吨	10000	1800.00	1800000.00	11%	198000.00
合　　计					¥1800000.00		¥198000.00

价税合计（大写）	⊗壹佰玖拾玖万捌仟元整　　　　　　（小写）¥1998000.00

销货单位	名　　称：烟台化肥有限公司 纳税人识别号：340208830021266 地　址、电话：烟台开发区长江路 901 号 0535-6372901 开户行及账号：工行天马中心办事处 1102020212141566789	备注	（烟台化肥有限公司 340208830021266 发票专用章）

收款人:略　　　　复核:略　　　　开票人:略　　　　销货单位(盖章):

第一联：记账联　销货方记账凭证

邮	中国工商银行托收承付凭证（承付 回单）2 收款			第 号 托收号码：	
	委托日期： 年 月 日			承付期限	
				到期 年 月 日	

付款人	全 称		收款人	全 称										
	账号或地址			账号或地址										
	开户银行			开户银行					行号					
托收金额	人民币				千	百	十	万	千	百	十	元	角	分
	（大写）：													

	附件	商品发运情况	合同名称号码
附寄单证张数或册数			

备注：

付款人注意：
1. 根据结算办法规定，上列托收款项，在承付期限内未拒付时，即视同全部承付，如系全额支付即以此联代支款通知；如遇延付或部分支付时，再由银行另送延付或部分支付的支款通知。
2. 如需提前承付或多承付时，应另写书面通知送银行办理。
3. 如系全部或部分拒付，应在承付期限内另填拒绝承付理由书送银行办理。

单位主管：略　会计：略　复核：略　记帐：略　付款人：略　开户银行盖章　月　日

中国工商银行
转账支票存根

支票号码：001204

科目 _____

对方科目 _____

签发日期　年　月　日

收款人：

金　额：

用　途：

备　注：

单位主管:略　　会计:略
复核:略　　　　记账:略

47

10.

中国工商银行烟台开发区支行　　电子缴税付款凭证	
转账日期：2017-12-2	凭证字号：19806543
纳税人全称及纳税人识别号：烟台化肥有限公司 340208830021266	
付款人全称：烟台化肥有限公司	
付款人账号：1102020212141566789	征收机关名称：烟台开发区国家税务局
付款人开户银行：工行天马中心办事处	收款国库（银行）名称：国家金库烟台开发区支库
小写（合计）金额：¥288184.56	缴款书交易流水号：78956372
大写（合计）金额：人民币贰拾捌万捌仟壹佰捌拾肆元伍角陆分	税票号码：10067895647
税种名称	所属时间	实缴金额
增值税	20171101-20171130	¥288184.56

（加盖"中国工商银行天马中心办事处 转讫"印章）

第二联　作付款回单（无银行收讫章无效）　　复核　　记账

中国工商银行烟台开发区支行　　电子缴税付款凭证	
转账日期：2017-12-2	凭证字号：19806798
纳税人全称及纳税人识别号：烟台化肥有限公司 340208830021266	
付款人全称：烟台化肥有限公司	
付款人账号：1102020212141566789	征收机关名称：烟台开发区地方税务局
付款人开户银行：工行天马中心办事处	收款国库（银行）名称：国家金库烟台开发区支库
小写（合计）金额：¥33650.54	缴款书交易流水号：78956293
大写（合计）金额：人民币叁万叁仟陆佰伍拾元零伍角肆分	税票号码：10067895647
税种名称	所属时间	实缴金额
城市维护建设税	20171101-20171130	¥14409.23
教育费附加	20171101-20171130	¥8645.54
个人所得税	20171101-20171130	¥10595.77

（加盖"中国工商银行天马中心办事处 转讫"印章）

第二联　作付款回单（无银行收讫章无效）　　复核　　记账

中国工商银行
转账支票存根

支票号码：001205

科目：_____

对方科目：_____

签发日期：　年　月　日

收款人：	
金　额：	
用　途：	
备　注：	

单位主管：略　　会计：略
复核：略　　　　记账：略

中国工商银行
转账支票存根

支票号码：001206

科目 _____

对方科目 _____

签发日期　　年　月　日

收款人：	
金　额：	
用　途：	
备　注：	

单位主管：略　　会计：略
复核：略　　　　记账：略

12月3日发生业务：

11.

山东增值税专用发票

3700122316　　　　　　发票联　　　　　　No.36231337

全国统一发票监制
国家税务局监制

开票日期：2017年12月3日

购货单位	名　　称：烟台化肥有限公司	密码区	5034#3%89/>+<137加密版本： 5<-<x+--552-</4901 2<-22-13-3-63>8 73700031116 17268 2670<7+0　1785001
	纳税人识别号：340208830021266		
	地址、电话：烟台开发区长江路901号 0535-6372901		
	开户行及账号：工行天马中心办事处 1102020212141566789		

货物或应税劳务名称	规格型号	单位	数量	单价	金　额	税率	税　额
氯化钾		吨	10000	1205.00	12050000.00	17%	2048500.00
合　　计					￥12050000.00		￥2048500.00

价税合计（大写）	⊗壹仟肆佰零玖万捌仟伍佰元整	（小写）￥14098500.00

销货单位	名　　称：亚太集团有限公司	备注	亚太集团有限公司 3402088300124456 发票专用章
	纳税人识别号：3402088300124456		
	地址、电话：烟台开发区黄河路100号 0535-1234567		
	开户行及账号：工行天马中心办事处 11020202121412345968		

第三联：发票联　购货方记账凭证

收款人：略　　复核：略　　开票人：略　　销货单位(盖章)：

收料单

NO.17001

供货单位：亚太集团有限公司
发票号码：011025   2017年12月3日   收货仓库：1号库

材料类别	名称及规格	计量单位	数量 应收	数量 实收	实际成本 单价	实际成本 金额	计划成本 单价	计划成本 金额	成本差异
氯化钾		吨	10000	10000	1205	12050000	1300	13000000	-950000

质量检验：略　　　　　收料：略　　　　　制单：略

记账联

12.

中国工商银行委托收款凭证（收账通知）

委邮

托收日期：2017年11月25日
承付日期：2017年12月3日

付款人	全称	烟台利农股份公司	收款人	全称	烟台化肥有限公司
	账号或地址	1102020212141532568		账号或地址	1102020212141566789
	开户银行	工行友谊路办事处		开户银行	工行天马中心办事处

托收金额	人民币（大写）：壹拾万贰仟伍佰元整	千 百 十 万 千 百 十 元 角 分
		￥ 1 0 2 5 0 0 0 0

备注：
中国工商银行
天马中心办事处
转讫

上列款项已由付款人开户银行全额划回收入你方账户。
此致！
收款人
（收款人开户行盖章）月日

科目：
对方科目：
转账日期：2017年12月3日
单位主管：　　会计：
复核：　　记账：

应收票据利息计算表

2017年12月3日

票据种类	商业承兑汇票	票面金额	100000元
计息时间	5个月	票面利率	6%
应得利息	人民币（大写）贰仟伍佰元整	￥2500.00	

复核：略　　　　　制表：略

13.

中国工商银行转账支票存根	中国工商银行转账支票 No.001207
支票号码：001207 附加信息： 出票日期：年 月 日 收款人： 金额： 用途： 单位主管： 会计：	出票日期（大写） 年 月 日 付款行名称： 收款人： 出票人账号： 人民币（大写） ｜亿｜千｜百｜十｜万｜千｜百｜十｜元｜角｜分｜ 用途＿＿＿＿ 密码＿＿＿＿ 上列款项请从我账户内支付 （烟台化肥有限公司 财务专用章） （红李印爱） 出票人签章 复核： 记账：

山东工业企业统一发票

购货单位：烟台化肥有限公司　　2017年12月3日　　No.00187966

货号	品名规格或加工修理项目	计量单位	数量	单价	金额 十万千百十元角分	备注
	设备维修费				￥ 6 5 0 0 0 0	
合计	人民币（大写）陆仟伍佰元整			￥6500.00	（烟台金盛机械维修 12456678665683702 0236 发票专用章）	

第二联 发票联

14.

中国工商银行现金支票存根	中国工商银行现金支票 No.2017001
支票号码：2017001 附加信息： 出票日期：年 月 日 收款人： 金额： 用途： 单位主管： 会计：	出票日期（大写） 年 月 日 付款行名称： 收款人： 出票人账号： 人民币（大写） ｜亿｜千｜百｜十｜万｜千｜百｜十｜元｜角｜分｜ 用途＿＿＿＿ 密码＿＿＿＿ 上列款项请从我账户内支付 （烟台化肥有限公司 财务专用章） （红李印爱） 出票人签章 复核： 记账：

12月4日发生业务：

15.

借款单

2017 年 12 月 4 日

借款人姓名	张林	部门	办公室
借款金额	人民币（大写）壹仟伍佰元整		¥1500.00
借款理由	出差		
批准人	杨云天	归还时间	12月9日

16.

招商证券公司

（买）

成交过户割单　　　　　　　　　2017 年 12 月 4 日

电脑编号	Z0077	成交数量	10000 股
公司名称	天龙公司	成交价格	8 元
申报编号	120105	成交金额	80000 元
申报时间	12月2日	佣金	2000 元
成交时间	201712041420	过户费	
上次余额		印花税	
本次成交		应付金额	82000 元
本次余额		到期日期	
本次库存		到期金额	

经办单位：证券公司门市部　　　　　　　　客户签章：　　（烟台化肥有限公司 财务专用章）

17.

山东增值税专用发票

3700129113　　　　　　　　　　　　　　　　　　　　　　　No.36231003

此联不作报销、扣税凭证使用

开票日期：　年　月　日

购货单位	名　　称：				密码区	5 0 3　4 # 3 ％ 8 9/>+<1 3 7
	纳税人识别号：					5<-　<×+-　-　5 5 2-　</4 9
	地址、电话：					2<-　2 2-1 3-3-6 3>8 7
	开户行及账号：					1 7 2 6 8 2 6 7 0<7+0

货物或应税劳务名称	规格型号	单位	数量	单价	金　额	税率	税　额
合　　计							

价税合计（大写）			（小写）	

销货单位	名　　称：	备注	（烟台化肥有限公司 340208830021266 发票专用章）
	纳税人识别号：		
	地址、电话：		
	开户行及账号：		

收款人：略　　　复核：略　　　开票人：略　　　销货单位(盖章)：

第一联：记账联　销货方记账凭证

中国工商银行
转账支票存根

支票号码：001208

科目 _____

对方科目 _____

签发日期　年　月　日

收款人：
金　额：
用　途：
备　注：

单位主管：略　　　会计：略
复核：略　　　记账：略

商业承兑汇票

73849758

出票日期 贰零壹柒年壹拾贰月零肆日

出票人全称	烟台利农股份公司	收款人	全 称	烟台化肥有限公司
出票人账号	1102020212141532568		账号或地址	1102020212141566789

出票金额	人民币（大写）叁佰叁拾叁万叁仟元整	千	百	十	万	千	百	十	元	角	分
	¥	3	3	3	3	0	0	0	0	0	0

到日期	2018年3月4日	票面利率：5%	付款行	中国工商银行友谊路办事处

本汇票请你行承兑，到期无条件付款。

地 址

付款单位注意：

（烟台利农股份公司财务专用章）

18.

烟台市事业单位统一收据

2017 年 12 月 4 日

交款单位：烟台化肥有限公司

人民币（大写）壹拾伍万元整　　　　　¥150000.00

系付购买农利技术研究所

收款单位（盖章有效）　财务 王杰　　经手人 陈丽

（烟台化肥有限公司财务专用章）

② 客户联

现金	
支票	√
付委	

中国工商银行
转账支票存根

支票号码：001209

科目

对方科目

签发日期　年　月　日

收款人：

金　额：

用　途：

备　注：

单位主管：略　　会计：略
复核：略　　　　记账：略

12月5日发生业务：

19.

中国财产保险股份有限公司烟台分公司保险费专用发票

2017 年 12 月 5 日　　　　　　　　　　　　　　　　　No.0001310

投保人	险种	保险金额	保险费率	保险费	备注
烟台化肥有限公司	财产险	24000000.00	1‰	24000.00	预付下年的保险费
合计人民币（大写）贰万肆仟元整				¥24000.00	（中国财险烟台分公司 收费专用章）

复核：黄同　　　经办：金明学　　　业务员：陈兵　　　单位：（盖章）

中国工商银行转账支票存根

支票号码：001210

附加信息：_____

出票日期：　年　月　日

收款人：_____

金　额：_____

用　途：_____

单位主管：　　　会计：

中国工商银行转账支票　　No.001210

出票日期（大写）　年　月　日　　付款行名称：
收款人：　　　　　　　　　　　出票人账号：

人民币
（大写）

亿	千	百	十	万	千	百	十	元	角	分

用途 _____　　　密码 _____

上列款项请从我账户内支付

出票人签章（烟台化肥有限公司 发票专用章）　　复核：　　　记账：
（李爱红印）

20.

山东增值税专用发票

3700129114　　　　　　　　　　　　　　　　　　　　　No.36231004

此联不作报销、扣税凭证使用

开票日期：2017 年 12 月 5 日

购货单位	名　　称：山东农化有限公司 纳税人识别号：340208830012345 地址、电话：济南市人民路 15 号 0531-86837279 开户行及账号：工行烟台分行 1102020212141512344	密码区	503 4 # 3 % 8 9/>+<1 3 7 5<- <x+- - 5 5 2- </4 9 2<- 2 2- 1 3- 3- 6 3>8 7 1 7 2 6 8 2 6 7 0<7+0

货物或应税劳务名称	规格型号	单位	数量	单价	金额	税率	税额
氯基复合肥		吨	15000	1800.00	27000000.00	11%	2970000.00
硫基复合肥		吨	8000	2000.00	16000000.00	11%	1760000.00
合　　计					¥43000000.00		¥4730000.00

价税合计（大写）	⊗肆仟柒佰柒拾叁万元整	（小写）¥47730000.00

销货单位	名　　称：烟台化肥有限公司 纳税人识别号：340208830021266 地址、电话：烟台开发区长江路 901 号 0535-6372901 开户行及账号：工行天马中心办事处 1102020212141566789	备注	（烟台化肥有限公司 370202288743652 发票专用章）

收款人：略　　复核：略　　开票人：略　　销货单位（盖章）：

第一联：记账联　销货方记账凭证

山东增值税专用发票

3700112546　　　　　　　　　　　　　　　　　　　　　No.36221465

发票联

开票日期：2017 年 12 月 5 日

购货单位	名　　称：烟台化肥有限公司 纳税人识别号：340208830021266 地址、电话：烟台开发区长江路 901 号 0535-6372901 开户行及账号：工行天马中心办事处 1102020212141566789	密码区	503 4 # 3 % 8 9/>+<1 3 7 5<- <x+- - 5 5 2- </4 9 2<- 2 2- 1 3- 3- 6 3>8 7 1 7 2 6 8 2 6 7 0<7+0

货物或应税劳务名称	规格型号	单位	数量	单价	金额	税率	税额
运费					46000.00	11%	5060.00
合　　计					¥46000.00		¥5060.00

价税合计（大写）	⊗伍万壹仟零陆拾元整	（小写）¥51060.00

销货单位	名　　称：顺达物流有限公司 纳税人识别号：370202890123812 地址、电话：烟台开发区长江路 111 号 0535-6372865 开户行及账号：工行天马中心办事处 1102020212141512465	备注	（顺达物流有限公司 370202890123812 发票专用章）

收款人：略　　复核：略　　开票人：略　　销货单位（盖章）：

第三联：发票联　购货方记账凭证

中国工商银行
转账支票存根

支票号码：001211

科目 _____

对方科目 _____

签发日期 2017 年 12 月 05 日

收款人：顺达物流有限公司

金　额：¥51060.00

用　途：运费

备　注：

单位主管：略　　会计：略

复核：略　　记账：略

中国工商银行托收承付凭证（承付 回单）2
存款

（邮）

委托日期：　年　月　日

第　号
托收号码：
承付期限
到期　年　月　日

付款人	全　称		收款人	全　称			
	账号或地址			账号或地址			
	开户银行			开户银行		行号	

托收金额	人民币		千	百	十	万	千	百	十	元	角	分
	（大写）											

附件	商品发运情况	合同名称号码
附寄单证张数或册数		

备注：

付款人注意：
1. 根据结算办法规定，上列托收款项，在承付期限内未拒付时，即视同全部承付，如系全额支付即以此联代支款通知；如遇延付或部分支付时，再由银行另送延付或部分支付的支款通知。
2. 如需提前承付或多承付时，应另写书面通知送银行办理。
3. 如系全部或部分拒付，应在承付期限内另填拒绝承付理由书送银行办理。

单位主管：略　会计：略　复核：略　记帐：略　付款人：略　开户银行盖章　月　日

21.

中国工商银行转账支票

No.01441234

出票日期（大写）贰零壹柒年壹拾贰月零伍日　付款行名称：工行济南人民路办事处
收款人：烟台化肥有限公司　　　　　　　出票人账号：1102020212141512344

人民币	亿	千	百	十	万	千	百	十	元	角	分
（大写）壹仟玖佰陆拾叁万玖仟陆佰元整 ¥		1	9	6	3	9	6	0	0	0	0

用途　货款　　　　　　　　　　密码_____

上列款项请从
我账户内支付

（山东农化有限公司 财务专用章）　　龙张 印小

出票人签章　　　　　　　　　　　复核：略　　　　　记账：略

中国工商银行 进账单(回单或收账通知)

年　月　日

收款人	全称		付款人	全称	
	账号			账号	
	开户银行			开户银行	

人民币（大写）：	千	百	十	万	千	百	十	元	角	分

票据种类		票据张数		收款人开户银行盖章：
票据号码				中国工商银行 天马中心办事处 转讫

单位主管：略　会计：略　复核：略　记账：略

69

22.

	中国工商银行	汇票号码 DY0034
付款期限 壹个月	银行汇票	第 101 号

签发日期(大写)贰零壹柒年壹拾贰月零陆日　代理付款行：中国工商银行济南市历城区支行行号：555
收款人：济南农化厂　　　　　　账号或住址：济南历城区泉港路 69 号 0531-86361104
汇款金额人民币（大写）：壹仟伍佰万元整
实际结算金额人民币（大写）：　　　　　千百十万千百十元角分
汇款人：　　　　　账号或地址：
签发行：略　行号：略　　多余金额　　左列退回多余金额已收入你账户内。 百十万千百十元角分
汇款用途：　　　　　　　　　　　　　　　财务主管：略　复核：略　经办：略

此联代理行签发后交付款单位

中国工商银行汇票委托书（存根）　　No.051205

委托日期　　年　月　日

汇款人		收款人	
账号或住址		账号或住址	
兑付地点	省市/县：略　兑付行　略	汇款用途	
汇款金额	人民币(大写)		¥
备注：		科目： 对方科目： 主管：略　　复核：略　　经办：略	

23.

山东增值税专用发票

3700112546　　　　　　　　　　　发票联　　　　　　　　　　　No.36221257

开票日期：2017年12月5日

购货单位	名　称：烟台化肥有限公司 纳税人识别号：340208830021266 地址、电话：烟台开发区长江路901号 0535-6372901 开户行及账号：工行天马中心办事处 1102020212141566789	密码区	503 4 # 3 % 8 9/>+<1 3 7 5<- <x+- - 5 5 2- </4 9 2<- 2 2- 1 3- 3- 6 3>8 7 1 7 2 6 8 2 6 7 0<7+0

货物或应税劳务名称	规格型号	单位	数量	单价	金额	税率	税额
水泥		吨	10	4000.00	40000.00	17%	6800.00
钢筋		吨	80	4500.00	360000.00	17%	61200.00
混凝土		m³	1000	200.00	200000.00	17%	34000.00
合　计					¥600000.00		¥102000.00

价税合计（大写）　⊗人民币柒拾万零贰仟元整　　　（小写）¥702000.00

销货单位	名　称：烟台方硕物资有限公司 纳税人识别号：370612312995861 地址、电话：烟台开发区长江路10号 0535-6374986 开户行及账号：工行长江路办事处 1102020212141456789	备注	烟台方硕物资有限公司 370612312995861 发票专用章

收款人：略　　　复核：略　　　开票人：略　　　销货单位(盖章)：

中国工商银行
转账支票存根
支票号码：001212
科目
对方科目
签发日期 2017 年 12 月 5 日
收款人：烟台方硕物资有限公司
金　额：¥702000.00
用　途：购入材料物资
备　注：
单位主管：略　　会计：略
复核：略　　　　记账：略

收料单

No.17002

供货单位：烟台方硕物资有限公司
发票号码：00643   2017年12月5日   收货仓库：材料库

材料类别	名称及规格	计量单位	数量 应收	数量 实收	实际成本 单价	实际成本 金额	计划成本 单价	计划成本 金额	成本差异
水泥		吨	10	10	4000	40000			
钢筋		吨	80	80	4500	360000			
混凝土		m³	1000	1000	200	200000			

质量检验：略   收料：略   制单：略

记账联

12月6日发生业务：

24.

山东增值税专用发票

3700129251   发票联   No.36232450

开票日期：2017年12月6日

	名　称：烟台化肥有限公司	密码区	503 4 # 3 % 8 9/>+<1 3 7 5<- <x+- - 5 5 2- </4 9 2<- 2 2- 1 3- 3- 6 3>8 7 1 7 2 6 8 2 6 7 0<7+0
购货单位	纳税人识别号：340208830021266		
	地址、电话：烟台开发区长江路901号 0535-6372901		
	开户行及账号：工行天马中心办事处 1102020212141566789		

货物或应税劳务名称	规格型号	单位	数量	单价	金　额	税率	税额
氯化铵		吨	10000	1200.00	12000000.00	17%	2040000.00
合　计					¥12000000.00		¥2040000.00

价税合计（大写）	⊗壹仟肆佰零肆万元整　　　（小写）¥14040000.00

	名　称：济南农化厂	备注	（济南农化厂发票专用章）340208830022158
销货单位	纳税人识别号：340208830022158		
	地址、电话：济南市历城区泉港路69号 0531-86361104		
	开户行及账号：工行济南历城区支行 1102020212112964151		

收款人：略　　复核：略　　开票人：略　　销货单位(盖章)：

第三联：发票联　购货方记账凭证

山东增值税专用发票

3700122514
No.36231369

发票联
国家税务局监制

开票日期：2017年12月6日

购货单位	名　　称：烟台化肥有限公司 纳税人识别号：340208830021266 地　址、电　话：烟台开发区长江路901号 0535-6372901 开户行及账号：工行天马中心办事处 1102020212141566789	密码区	503 4 # 3 % 8 9 /> + < 1 3 7 5 < - < x + - - 5 5 2 - < / 4 9 2 < - 2 2 - 1 3 - 3 - 6 3 > 8 7 1 7 2 6 8 2 6 7 0 < 7 + 0

货物或应税劳务名称	规格型号	单位	数量	单价	金额	税率	税额
运费					20000.00	11%	2200.00
合　计					¥20000.00		¥2200.00

价税合计（大写）	⊗贰万贰仟贰佰元整	（小写）¥22200.00

销货单位	名　　称：顺达物流有限公司 纳税人识别号：370202890123812 地　址、电　话：烟台开发区长江路111号 开户行及账号：工行天马中心办事处 1102020212141512465	备注	顺达物流有限公司 370202890123812 发票专用章

收款人：略　　复核：略　　开票人：略　　销货单位(盖章)：

付款期限 壹个月	中国工商银行 银行汇票（多余款收账通知）3	汇票号码 DY0034 第 101 号

签发日期(大写)贰零壹柒年壹拾贰月零陆日　代理付款行：中国工商银行济南市历城区支行行号：555

收款人：济南农化厂　　账号或住址：1102020212112964151

汇款金额人民币（大写）：壹仟伍佰万元整

实际结算金额人民币（大写）：壹仟肆佰零陆万贰仟贰佰元整

千	百	十	万	千	百	十	元	角	分
1	4	0	6	2	2	0	0	0	0

汇款人：　　账号或地址：

签发行：略　　行号：略

多余金额

百	十	万	千	百	十	元	角	分
¥	9	3	7	8	0	0	0	0

左列退回多余金额已收入你账户内。

汇款用途：　　财务主管：略　复核：略　经办：略

25.

山东增值税专用发票

37001125421　　　　　　　　　　　　　　　　　　　　　　　　　　　　　No.36221588

发票联
国家税务局监制

开票日期：2017年12月6日

购货单位	名　　称：烟台化肥有限公司 纳税人识别号：340208830021266 地址、电话：烟台开发区长江路901号 0535-6372901 开户行及账号：工行天马中心办事处 1102020212141566789	密码区	503 4 # 3 % 8 9/>+<1 3 7 加密版本： 5<- <x+- - 5 5 2- </4 9 01 2<- 2 2- 1 3- 3- 6 3>8 7 3700031116 1 7 2 6 8 2 6 7 0<7+0　　1785001

货物或应税劳务名称	规格型号	单位	数量	单价	金额	税率	税额
氯化钾		吨	4000	1205.00	4820000.00	17%	819400.00
合　　计					¥4820000.00		¥819400.00

价税合计（大写）　⊗伍佰陆拾叁万玖仟肆佰元整　　（小写）¥5639400.00

销货单位	名　　称：大华公司 纳税人识别号：370202890124655 地址、电话：烟台市芝罘区文化路90号 0535-6781238 开户行及账号：工行文化路办事处 11020202121254400255	备注	大华公司 370202890124655 发票专用章

收款人：略　　　　复核：略　　　　开票人：略　　　销货单位(盖章)：

第三联：发票联 购货方记账凭证

收料单

NO.17003

供货单位：大华公司　　　　　　　　　　　　　　　　　　　　收货仓库：1号库
发票号码：004567　　　　　　2017年12月6日

材料类别	名称及规格	计量单位	数量应收	数量实收	实际成本单价	实际成本金额	计划成本单价	计划成本金额	成本差异
原材料	氯化钾	吨	4000	3999	1205	4820000	1300	5198700	-378700
合计			4000	3999	1205	4820000	1300	5198700	-378700

记账联

质量检验：略　　　　　收料：略　　　　　制单：略

原材料溢缺报告单

年　月　日

原材料名称	计量单位	单价	应收数		实收数		溢余		短缺		备注
			数量	金额	数量	金额	数量	金额	数量	金额	
合计											

原因分析：

审批意见：

单位（盖章）　　　财务科负责人：略　　　制表：略

记账联

26.

委托加工材料发料单

加工单位 万嘉木器加工厂　　　　　　　　　　　　　　No.12001
加工合同 051130　　　2017年12月6日　　　发料仓库 1号库

材料类别	名称及规格	计量单位	实发数量	实际单价	金额
C材料	加工材料	千克	50	500	25000

仓库主管：略　　　　　　发料人：略

记账联

12月7日发生业务：

27.

收料单　　　　　　　　　　　　　　　　　NO.17004

供货单位：＿＿＿＿＿＿

发票号码：＿＿＿＿＿＿　　　　　　　年　月　日　　　　　　　收货仓库：1号库

材料类别	名称及规格	计量单位	数量		实际成本		计划成本		成本差异
			应收	实收	单价	金额	单价	金额	
合计									

质量检验：略　　　　收料：略　　　　　　　制单：略

28.

中国工商银行 进账单（回单或收账通知）

2017年12月7日

收款人	全　　称	烟台化肥有限公司	付款人	全　　称	烟台信丰农贸有限公司
	账　　号	1102020212141566789		账　　号	1102020212145492578
	开户银行	工行天马中心办事处		开户银行	工行白石路办事处

人民币（大写）：陆拾万元整

千	百	十	万	千	百	十	元	角	分
		¥6	0	0	0	0	0	0	0

票据种类　银行汇票

票据张数　1

收款人开户银行盖章：
中国工商银行
天马中心办事处
转讫

单位主管：略　会计：略　复核：略　记账：略

29.

中 华 人 民 共 和 国
税 收 通 用 完 税 证

注册类型：有限责任公司　　填制日期：2017年12月7日　　征收机关：烟台市地税局第一分局

纳税人代码	340208830021266			地址	山东烟台开发区长江路901号							
纳税人名称	烟台化肥有限公司			税款所属时期	2017年12月							
税种	课税数量	计税金额销售收入	税率或单位税额	已缴或扣除额	实缴税额							
					百	十	万	千	百	十	元	角	分
印花税									8	0	0	0	0
合计					￥				8	0	0	0	0
金额合计	(大写)人民币零仟零佰零拾零万零仟捌佰零拾零元零角零分											
缴款单位(人)盖章 经办人(章)	税务机关(盖章) 填票人(章)			备注	现金付讫							

（烟台市地税局第一分局 征税专用章）

12月8日发生业务：

30.

烟台证券中央登记结算公司　　(卖)　　2017年12月8日

成交过户割单

	股东编号	A0099	成交证券	普通股股票
烟台市税务局监制	电脑编号	Z0077	成交数量	5000股
	公司名称	天龙公司	成交价格	12元
	申报编号	120107	成交金额	60000元
	申报时间	12月8日	佣金	550元
	成交时间	201612081520	过户费	
	上次余额		印花税	50元
	本次成交		应收金额	59400元
	本次余额		到期日期	
	本次库存		到期金额	

③通知联

（烟台化肥有限公司 财务专用章）

经办单位：证券公司门市部　　　　客户签章：

31.

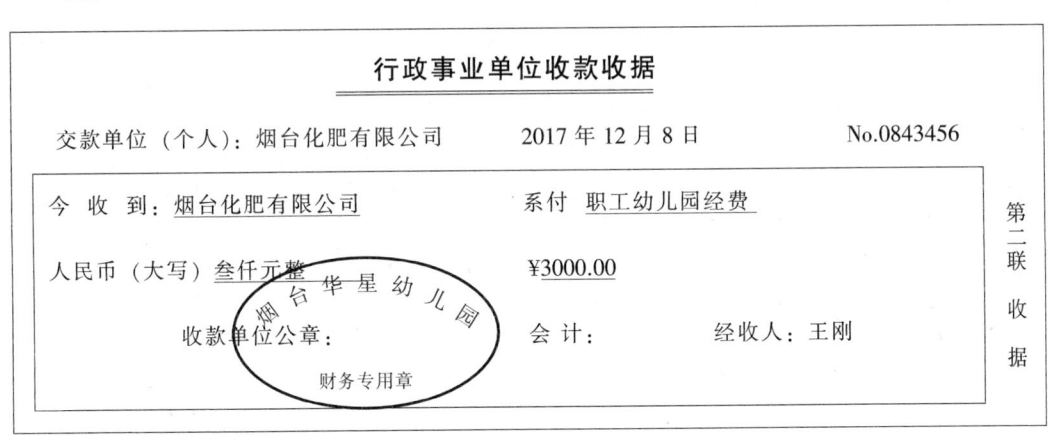

票据贴现凭证（收账通知）4

填写日期：2017 年 12 月 8 日　　　　　　　　　　NO：2416

申请人	全　称	烟台化肥有限公司	贴现汇票	种类及号码	商业承兑汇票
	账　号	1102020212141566789		出票日	2016 年 9 月 8 日
	开户银行	工行天马中心办事处		到期日	2017 年 1 月 8 日
汇票承兑人		山东农化有限公司	账号	1102020212141512344	开户银行　　工行济南市人民路办事处

汇票金额	人民币（大写）壹万伍仟元整	千 百 十 万 千 百 十 元 角 分
		¥ 　1 5 0 0 0 0 0

年贴现率	贴现利息	实付金额	千 百 十 万 千 百 十 元 角 分
6%	75		¥ 　1 4 9 2 5 0 0

上述款项已入你单位账户。
银行盖章

中国工商银行
天马中心办事处
转讫

2017 年 12 月 8 日

备注：

32.

行政事业单位收款收据

交款单位（个人）：烟台化肥有限公司　　　2017 年 12 月 8 日　　　No.0843456

今 收 到：烟台化肥有限公司　　　　　系付　职工幼儿园经费

人民币（大写）叁仟元整　　　　　　　　　¥3000.00

收款单位公章：（烟台华星幼儿园 财务专用章）　　会计：　　　经收人：王刚

第二联 收据

| 中国工商银行 |
| 转账支票存根 |

支票号码:001213

科目 _____

对方科目 _____

签发日期　年　月　日

收款人：	
金　额：	
用　途：	
备　注：	

单位主管:略　　　　会计:略
复核:略　　　　　　记账:略

33.

领料单

领用部门：施工部门　　　　2017年12月8日　　　　编号：008
用途：建造生产车间　　　　　　　　　　　　　　　仓库：1号库

材料编号	材料名称及规格	单位	数量 请领	数量 实领	单价	金额
G001	水泥	吨	10	10	4000	40000
G002	钢筋	吨	80	80	4500	360000
G003	混凝土	m^3	1000	1000	200	200000
合计			1090	1090		600000

审批人：略　　　　　发料人：略　　　　　领料人：略

34.

山东增值税专用发票

3700145965　　　　　　　　　　　　　　　　　　　　　　　　　　　No.36215465

发票联
国家税务局监制

开票日期：2017年12月8日

购货单位	名　　称：烟台化肥有限公司 纳税人识别号：340208830021266 地址、电话：烟台开发区长江路901号 0535-6372901 开户行及账号：工行天马中心办事处 1102020212141566789	密码区	5034#3%89/>+<137加密版本： 5<- <x+- 552- </4 901 2<- 22-13-3- 63>8 73700031116 17268 2670<7+0　1785001

货物或应税劳务名称	规格型号	单位	数量	单价	金额	税率	税额
餐饮费			1	800.00	800.00	6%	48.00
合　　计					¥800.00		¥48.00

价税合计（大写）	⊗捌佰肆拾捌元整	（小写）¥848.00

销货单位	名　　称：金沙滩大酒店 纳税人识别号：3203028966822121 地址、电话：烟台开发区黄河路32号 开户行及账号：工行黄河路支行 6227676890895646693	备注	（金沙滩大酒店 3203028966822121 发票专用章）

收款人：略　　复核：略　　开票人：略　　销货单位（盖章）：

12月9日发生业务：

35.

山东增值税专用发票

3700129115　　　　　　　　　　　　　　　　　　　　　　　　　　　No.36231005

此联不作报销、扣税凭证使用

开票日期：2017年12月9日

购货单位	名　　称：烟台利农股份公司 纳税人识别号：340208830034256 地址、电话：烟台芝罘海港路21号 0535-6943895 开户行及账号：工行海港路办事处 1102020212141532568	密码区	5034#3%89/>+<137加密版本： 5<- <x+- 552- </4 901 2<- 22-13-3- 63>8 73700031116 17268 2670<7+0　1785001

货物或应税劳务名称	规格型号	单位	数量	单价	金额	税率	税额
氯基复合肥		吨	1000	1800	1800000.00	11%	198000.00
合　　计					¥1800000.00		¥198000.00

价税合计（大写）	⊗壹佰玖拾玖万捌仟元整	（小写）¥1998000.00

销货单位	名　　称：烟台化肥有限公司 纳税人识别号：340208830021266 地址、电话：烟台开发区长江路901号 开户行及账号：工行天马中心办事处 1102020212141566789	备注	（烟台化肥有限公司 340208830021266 发票专用章）

收款人：略　　复核：略　　开票人：略　　销货单位（盖章）：

中国工商银行 进账单(回单或收账通知)

2017年12月9日

收款人	全 称	烟台化肥有限公司	付款人	全 称	烟台利农股份公司
	账 号	1102020212141566789		账 号	1102020212141532568
	开户银行	工行天马中心办事处		开户银行	工行海港路办事处

人民币（大写）：陆拾陆万陆仟元整	千	百	十	万	千	百	十	元	角	分
	¥	6	6	6	0	0	0	0	0	0

票据种类	转账支票	收款人开户银行盖章：
票据张数	1张	中国工商银行 天马中心办事处 转讫

单位主管：略　会计：略　复核：略　记账：略

36.

行政事业单位收款收据

交款单位（个人）：烟台化肥有限公司　　2017年12月9日　　No.0843768

今 收 到：烟台化肥有限公司　　系付　预付下一年度报刊费

人民币（大写）肆仟捌佰元整　　¥4800.00

收款单位公章：烟台市邮政局 财务专用章　　会计：　　经收人：陈新

第二联 收据

中国工商银行
转账支票存根

支票号码：001214

科目 _____

对方科目 _____

签发日期　　年　月　日

收款人：
金　额：
用　途：
备　注：

单位主管：略　　会计：略
复核：略　　　　记账：略

93

37.

山东增值税专用发票

3700145965　　　　　　　　　　　　　　　　　　　　　　No.36212446

发票联

开票日期：2017年12月9日

购货单位	名　称：烟台化肥有限公司
	纳税人识别号：340208830021266
	地　址、电　话：烟台开发区长江路901号 0535-6372901
	开户行及账号：工行天马中心办事处 1102020212141566789

密码区：
5034#3%89/>+<137加密版本：
5<- <x+- -552- </4 901
2<- 22- 13- 3- 63>8 73700031116
17268 2670<7+0　1785001

货物或应税劳务名称	规格型号	单位	数量	单价	金额	税率	税额
链式粉碎机		台	1	150000.00	150000.00	17%	25500.00
合　计					¥150000.00		¥25500.00

价税合计（大写）　⊗壹拾柒万伍仟伍佰元整　　　（小写）¥175500.00

销货单位	名　称：烟台华晨机械有限公司	备注	烟台华晨机械有限公司 340208831254645 发票专用章
	纳税人识别号：340208831254645		
	地　址、电　话：烟台莱山区黄七路105号 0535-6942871		
	开户行及账号：工商银行莱山区支行 11020202121415154689		

第三联：发票联　购货方记账凭证

收款人：略　　　复核：略　　　开票人：略　　　销货单位(盖章)：

中国工商银行
转账支票存根

支票号码：001215

科目

对方科目

签发日期　年　月　日

收款人：
金　额：
用　途：
备　注：

单位主管：略　　会计：略
复核：略　　　　记账：略

38.

收 款 收 据

2017 年 12 月 9 日　　　　　　　　　　　　No.00231

交款单位　　张　林　　　　　收款方式　　现金

金额（大写）伍佰元整　　　　　¥500.00

收款事由　　差旅费余额

单位盖章　　　现金收讫

第一联：记账联

12 月 10 日发生业务：

39.

收 款 收 据

交款单位（个人）：烟台化肥有限公司　　2017 年 12 月 10 日　　No.0843456

今　收　到　烟台化肥有限公司　　　　系付　粉碎机安装费用

人民币（大写）壹仟元整　　　　　¥1000.00

收款单位公章：烟台华晨机械有限公司　会计：略　　经收人：略

财务专用章

第二联：收据

40.

固定资产验收单

年　月　日

名称	单位	数量	价格	预计使用年限	使用部门
备注					

制单：略　　　　　　　　　　审核：略

41.

山东增值税专用发票

3700129116　　　　　　　　　　　　　　　　　　　　　　　　　　No.36231006

此联不作报销、扣税凭证使用

开票日期：2017 年 12 月 10 日

购货单位	名称：丰瑞农贸厂						密码区	5034#3%89/>+<137加密版本： 5<- <x+- -552- </4 901 2<- 2 2- 1 3- 3- 6 3>8 7 3700031116 1 7 2 6 8 2 6 7 0<7+0　1785001	
	纳税人识别号：340208795000456							
	地址、电话：青岛黄岛区长白山路120号 0532-87809132							
	开户行及账号：工商银行黄岛区支行1102335688114659772							
货物或应税劳务名称	规格型号	单位	数量	单价	金额	税率	税额	
氯基复合肥		吨	2000	1800.00	3600000.00	11%	396000.00	
硫基复合肥		吨	1500	2000.00	3000000.00	11%	330000.00	
合　计					¥6600000.00		¥726000.00	
价税合计（大写）	⊗柒佰叁拾贰万陆仟元整					（小写）¥7326000.00		
销货单位	名称：烟台化肥有限公司						备注	烟台化肥有限公司 340208830021266 发票专用章
	纳税人识别号：340208830021266							
	地址、电话：烟台开发区长江路901号 0535-6372901							
	开户行及账号：工行天马中心办事处1102020212141566789							

收款人：略　　复核：略　　开票人：略　　销货单位(盖章)：

第一联：记账联　销货方记账凭证

12 月 11 日发生业务：

42.

山东增值税专用发票

37001124561　　　　　　　　　　　　　　　　　　　　　　　　　No.36231246

发票联

开票日期：2017 年 12 月 11 日

购货单位	名称：烟台化肥有限公司						密码区	5034#3%89/>+<137加密版本： 5<- <x+- -552- </4 901 2<- 2 2- 1 3- 3- 6 3>8 7 3700031116 1 7 2 6 8 2 6 7 0<7+0　1785001	
	纳税人识别号：340208830021266							
	地址、电话：烟台开发区长江路901号 0535-6372901							
	开户行及账号：工行天马中心办事处1102020212141566789							
货物或应税劳务名称	规格型号	单位	数量	单价	金额	税率	税额	
加工费		个	100000	0.25	25000.00	17%	4250.00	
合　计					¥25000.00		¥4250.00	
价税合计（大写）	⊗贰万玖仟贰佰伍拾元整					（小写）¥29250.00		
销货单位	名称：万嘉加工厂						备注	万嘉加工厂 340226855103442 发票专用章
	纳税人识别号：340226855103442							
	地址、电话：烟台开发区黄河路103号 0535-6872415							
	开户行及账号：工行天马中心办事处1102020212141124899							

收款人：略　　复核：略　　开票人：略　　销货单位(盖章)：

第三联：发票联　购货方记账凭证

```
中国工商银行
转账支票存根
```
支票号码：001216

科目 _____
对方科目 _____
签发日期　年　月　日

收款人：
金　额：
用　途：
备　注：

单位主管：略　　会计：略
复核：略　　　　记账：略

43.

委托加工材料收料单

加工单位：　　　　　　　　　　　　　　　　　　　　　　No.051203
加工合同：略　　　　　　年　月　日　　　　收料仓库：1号库

材料类别	名称及规格	计量单位	实收数量	实际单价	金额

记账联

质量检验：略　　　仓库验收：略　　　仓库保管：略

44.

天龙公司发放现金股利公告

一、会议召开和出席情况

二、

……

三、审议通过了发放现金股利议案：

2017年12月11日，宣告发放每股现金股利0.3元。

四、

……

（授权代表）签章（略）

2017年12月11日

45.

山东增值税专用发票

3700114545　　　　　　　　　　　　　　　　　　　　　　No.362314564

发票联

开票日期：2017 年 12 月 11 日

购货单位	名　　称：烟台化肥有限公司 纳税人识别号：340208830021266 地　址、电　话：烟台开发区长江路 901 号 0535-6372901 开户行及账号：工行天马中心办事处 1102020212141566789	密码区	503 4 # 3 ％ 8 9/>+<1 3 7 加密版本： 5<- <x+- - 5 5 2- </4 9 01 2<- 2 2- 1 3- 3- 6 3>8 7 3700031116 1 7 2 6 8 2 6 7 0<7+0　　1785001

货物或应税劳务名称	规格型号	单位	数量	单价	金　额	税率	税　额
广告费		次	1	1000000.00	1000000.00	6%	60000.00
合　　计					¥1000000.00		¥60000.00

价税合计（大写）	⊗壹佰零陆万元整	（小写）¥1060000.00

销货单位	名　　称：烟台广告文化有限公司 纳税人识别号：340226855789001 地　址、电　话：烟台市南大街 92 号 0535-6673976 开户行及账号：工行南大街分理处 1102020212145786668	备注	烟台广告文化有限公司 340226855789001 发票专用章

收款人：略　　复核：略　　开票人：略　　销货单位(盖章)：

第二联：发票联　购货方记账凭证

中国工商银行
转账支票存根
支票号码：001217
科目
对方科目
签发日期　　年　月　日
收款人：
金　额：
用　途：
备　注：
单位主管：略　　会计：略
复核：略　　　　记账：略

12月12日发生业务：

46.

山东增值税专用发票

3700129117　　　　　　　　　　　　　　　　　　　　　　　　　　　　　No.36231007

此联不作报销、扣税凭证使用

开票日期：2017年12月12日

购货单位	名　　称：烟台信丰农贸有限公司 纳税人识别号：343688049105537 地址、电话：烟台市芝罘区白石路006号 0535-6734587 开户行及账号：工行白石路办事处1102020212145492578	密码区	503 4 # 3 % 8 9/>+<1 3 7 加密版本： 5<- <x+- - 5 5 2- </4 9 01 2<- 2 2- 1 3- 3- 6 3>8 7 3700031116 1 7 2 6 8 2 6 7 0<7+0　　1785001

货物或应税劳务名称	规格型号	单位	数量	单价	金额	税率	税额
硫基复合肥		吨	1000	2000	2000000.00	11%	220000.00
合　　计					￥2000000.00		￥220000.00

价税合计（大写）：⊗贰佰贰拾贰万元整　　　　　（小写）￥2220000.00

销货单位	名　　称：烟台化肥有限公司 纳税人识别号：340208830021266 地址、电话：烟台开发区长江路901号 0535-6372901 开户行及账号：工行天马中心办事处1102020212141566789	备注	烟台化肥有限公司 340208830021266 发票专用章

收款人：略　　　　复核：略　　　　开票人：略　　　　销货单位（盖章）：

47.

中国工商银行托收承付凭证（收账通知）

委托日期：2017年12月10日

承付日期：2016年12月12日

付款人	全称	丰瑞农贸厂	收款人	全称	烟台化肥有限公司
	账号或地址	1102335688114659772		账号或地址	1102020212141566789
	开户银行	工商银行黄岛区支行		开户银行	工行天马中心办事处

托收金额	人民币（大写）：柒佰叁拾贰万陆仟元整	千	百	十	万	千	百	十	元	角	分
	￥		7	3	2	6	0	0	0	0	0

附件	商品发运情况	合同名称号码：120143
附寄单证：4张	铁路	958

备注： 中国工商银行 天马中心办事处 转讫	上列款项已由付款人开户银行 全额划回收入你方账户。 此致！ 收款人 （收款人开户行盖章）　　月　日	科目： 对方科目： 转账日期：2017年12月12日 单位主管：　　　会计： 复核：　　　　　　记账：

48.

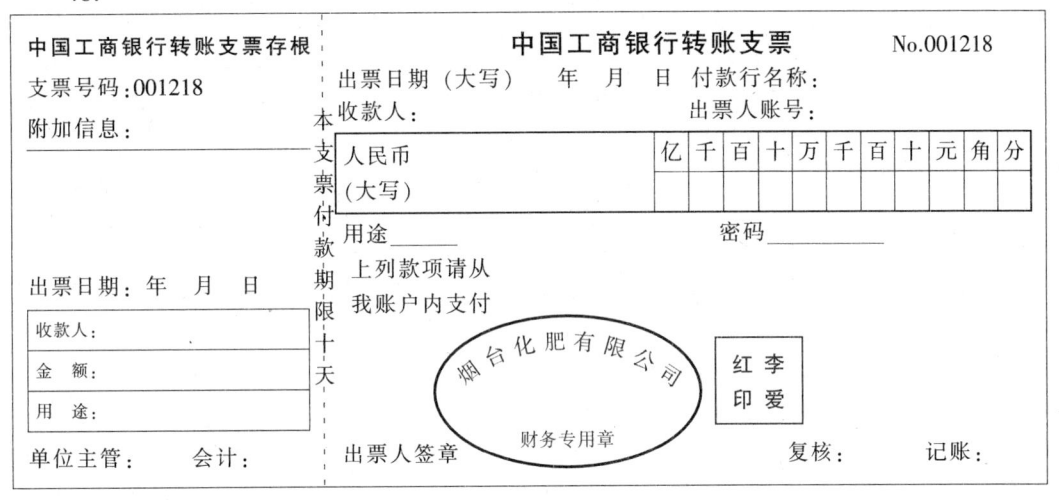

中国工商银行转账支票存根	中国工商银行转账支票 No.001218
支票号码:001218 附加信息: 出票日期: 年 月 日 收款人: 金 额: 用 途: 单位主管: 会计:	出票日期(大写) 年 月 日 付款行名称: 收款人: 出票人账号: 人民币(大写) 亿千百十万千百十元角分 用途____ 密码____ 上列款项请从我账户内支付 （烟台化肥有限公司 财务专用章） 红印李爱 出票人签章 复核: 记账:

12月14日发生业务:

49.

中国工商银行 进账单(回单或收账通知)

2017年12月14日

收款人	全 称	烟台化肥有限公司	付款人	全 称	天龙公司
	账 号	1102020212141566789		账 号	1102025698322144657
	开户银行	工行天马中心办事处		开户银行	工行招商证券公司办事处

人民币(大写): 叁仟元整	千百十万千百十元角分 ¥ 3 0 0 0 0 0
票据种类	转账支票	收款人开户银行盖章: 中国工商银行 天马中心办事处 **转讫**
票据张数	1张	
单位主管:略 会计:略 复核:略 记账:略	

50.

行政事业单位收款收据

交款单位（个人）: 烟台化肥有限公司   2017年12月14日   No.082145

今 收 到: 烟台化肥有限公司   系付 农村义务教育捐款

人民币（大写）伍万元整   ¥50000.00

收款单位公章（烟台市人民政府 财务专用章） 会计:王红   经收人:王万州

第二联 收据

第三章　企业实训业务资料

中国工商银行转账支票存根
支票号码：001219
附加信息：

出票日期：　年　月　日
| 收款人： |
| 金　额： |
| 用　途： |

单位主管：　　　会计：

中国工商银行转账支票　No.001219
出票日期（大写）　年　月　日　付款行名称：
收款人：　　　　　　　　　　出票人账号：

人民币（大写）

亿	千	百	十	万	千	百	十	元	角	分

用途＿＿＿　　密码＿＿＿＿

上列款项请从我账户内支付

（烟台化肥有限公司 财务专用章）　（李爱红印）

出票人签章　　　　复核：　　　记账：

本支票付款期限十天

12月15日发生业务：

51.

中国工商银行托收承付凭证（收账通知）（邮）

委托日期：2017年12月12日
承付日期：2016年12月15日

付款人	全　称	烟台信丰农贸有限公司	收款人	全　称	烟台化肥有限公司
	账号或地址	1102020212145492578		账号或地址	1102020212141566789
	开户银行	工行白石路办事处		开户银行	工行天马中心办事处

托收金额	人民币（大写）：壹佰伍拾玖万贰仟元整	千	百	十	万	千	百	十	元	角	分
	¥	1	5	9	2	0	0	0	0	0	0

附件	商品发运情况	合同名称号码：254623
附寄单证：3张	铁路	958

备注：	上列款项已由付款人开户银行全额划回收入你方账户。此致！	科目：
中国工商银行天马中心办事处　**转讫**	收款人（收款人开户行盖章）月日	对方科目： 转账日期：2017年12月15日 单位主管：　会计： 复核：　记账：

52.

领料单

领用部门：生产部门　　　　2017 年 12 月 3 日　　　　　　　　编号：001
用途：生产氯基复合肥　　　　　　　　　　　　　　　　　　　　仓库：1 号仓

材料编号	材料名称及规格	单位	数量 请领	数量 实领	单价	金额
101	氯化钾	吨	2400	2400		
102	氯化铵	吨	2600	2600		
合计			5000	5000		

审批人：王华　　　　　发料人：杨珂　　　　　领料人：张国志

领料单

领用部门：生产部门　　　　2017 年 12 月 6 日　　　　　　　　编号：002
用途：生产氯基复合肥　　　　　　　　　　　　　　　　　　　　仓库：1 号仓

材料编号	材料名称及规格	单位	数量 请领	数量 实领	单价	金额
101	氯化钾	吨	4000	4000		
合计			4000	4000		

审批人：王华　　　　　发料人：杨珂　　　　　领料人：张国志

领料单

领用部门：生产部门　　　　2017 年 12 月 9 日　　　　　　　　编号：003
用途：生产氯基复合肥　　　　　　　　　　　　　　　　　　　　仓库：1 号仓

材料编号	材料名称及规格	单位	数量 请领	数量 实领	单价	金额
101	氯化钾	吨	1200	1200		
102	氯化铵	吨	1800	1800		
合计			3000	3000		

审批人：王华　　　　　发料人：杨珂　　　　　领料人：张国志

领料单

领用部门：生产部门　　　　　2017 年 12 月 15 日　　　　　　　　编号：004

用途：生产氯基复合肥　　　　　　　　　　　　　　　　　　　　　仓库：1 号仓

材料编号	材料名称及规格	单位	数量 请领	数量 实领	单价	金额
101	氯化钾	吨	3000	3000		
合计			3000	3000		

审批人：王华　　　　　发料人：杨珂　　　　　领料人：张国志

领料单

领用部门：生产部门　　　　　2017 年 12 月 15 日　　　　　　　　编号：005

用途：生产氯基复合肥　　　　　　　　　　　　　　　　　　　　　仓库：1 号仓

材料编号	材料名称及规格	单位	数量 请领	数量 实领	单价	金额
103	包装袋	个	80000	80000		
合计			80000	80000		

审批人：王华　　　　　发料人：杨珂　　　　　领料人：张国志

领料汇总表

年　月　日　　　　　　　　　　　　　　　　　　　　　　　金额单位：元

领料部门	用途	材料品种	数量	单价	金额
合计					

编制：略　　　　　　　　　　　　审核：略

53.

工资结算汇总表

2017 年 12 月 15 日

车间、部门	应发工资	代扣款项					实发金额
		养老保险	失业保险	医疗保险	公积金	个人所得税	
基本生产车间	2899580.00	231966.40	14497.90	61471.10	173974.80	2800.00	2414869.80
——生产工人	2500000.00	200000.00	12500.00	53000.00	150000.00	2000.00	2082500.00
——管理人员	399580.00	31966.40	19547.90	8471.10	23974.80	800.00	332369.80
机修车间	400000.00	32000.00	2000.00	8480.00	24000.00	400.00	333120.00
销售机构人员	600000.00	48000.00	3000.00	12720.00	36000.00	3000.00	497280.00
管理部门	500000.00	40000.00	2500.00	10600.00	30000.00	5000.00	411900.00
合　计	4399580.00	351966.40	21997.90	93271.10	263974.80	11200.00	3657169.80

中国工商银行
现金支票存根

支票号码：2017002

科目 _____

对方科目 _____

签发日期 2017 年 12 月 15 日

| 收款人：烟台化肥有限公司 |
| 金　额：¥3657169.80 |
| 用　途：发工资 |
| 备　注： |

单位主管：略　　会计：略
复核：略　　　　记账：略

54.

社会保险费电子转账凭证

2017 年 12 月 15 日　　　　　　　　凭证号：12014215

付款人	全 称	烟台化肥有限公司	收款人	全 称	烟台市社会保险管理处
	账 号	1102020212141566789		账 号	1102020212146204679
	开户银行	工行天马中心办事处		开户银行	工行南大街分理处

金额	人民币（大写）：壹佰玖拾肆万壹仟零玖拾肆元柒角整	千	百	十	万	千	百	十	元	角	分
		¥	1	9	4	1	0	9	4	7	0

摘要	代扣号：D125846　　　2017 年 12 月社保 养老小计：1275878.20　单位养老：923911.80　个人养老：351966.40 失业小计：109989.50　单位失业：87991.60　个人失业：21997.90 医疗小计：489233.30　单位医疗：395962.20　个人医疗：93271.10 工伤小计：21997.90　　单位工伤：21997.90 生育小计：43995.80　　单位生育：43995.80	收款人开户行盖章
备注		转账日期： 2017 年 12 月 15 日 中国工商银行 天马中心办事处 转讫

复核：略　　　　　记账：略

55.

烟台市住房公积金汇缴书

2017 年 12 月 15 日

单位名称	烟台化肥有限公司	汇缴：	2017 年 12 月
公积金账号	0078911100	补缴：	人数　2　人

缴交金额（大写）柒拾玖万壹仟玖佰贰拾肆元肆角整	十万	千	百	十	元	角	分
	7	9	1	9	2	4	4	0

上月汇缴		本月增加		本月减少汇缴		本月汇缴	
人数	金额	人数	金额	人数	金额	人数	金额
800	789949.52	2	1974.88			802	791924.40

付款行	付款账号	支票号码	中国工商银行 天马中心办事处 转讫 银行盖章
工商银行天马中心办事处	1102020212141566789	029152016	

第一联　银行盖章后交单位记账

56.

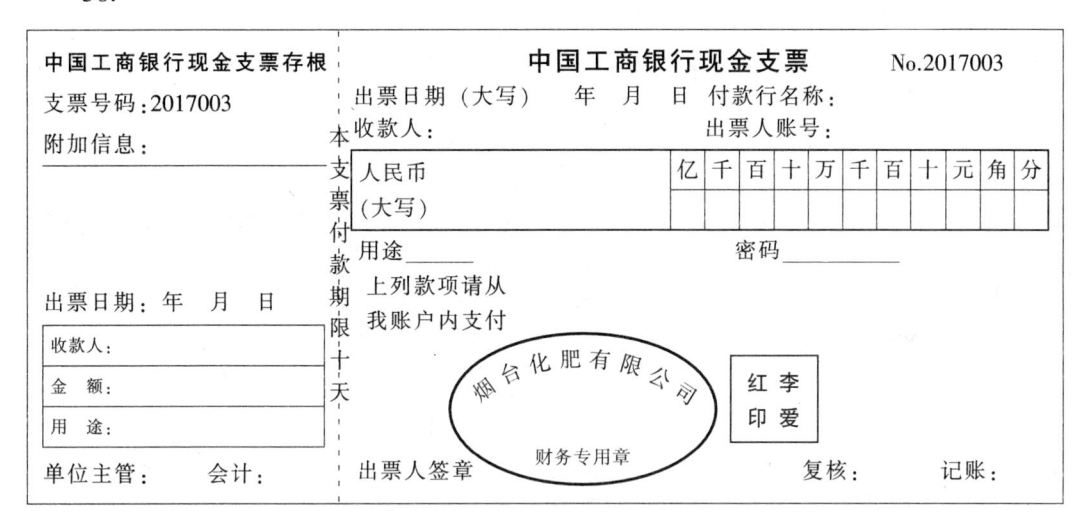

中国工商银行现金支票存根	中国工商银行现金支票	No.2017003

支票号码：2017003
附加信息：_____

出票日期（大写）　年　月　日　付款行名称：
收款人：　　　　　　　　　　出票人账号：

人民币（大写）｜亿｜千｜百｜十｜万｜千｜百｜十｜元｜角｜分｜

用途　_____　　密码 _____
上列款项请从我账户内支付

出票日期：　年　月　日
收款人：
金　额：
用　途：
单位主管：　　会计：

出票人签章（烟台化肥有限公司 财务专用章）　　红印 李爱　　复核：　　记账：

57.

离休、退休金发放清单

2017 年 12 月 15 日

编号	姓名	离退休金	补贴	代扣款项		实付离退休金	签收
				电费	房租		
1	张华	675		55		620	张华
2	刘智	640		40		600	刘智
⋮	⋮	⋮	⋮	⋮	⋮	⋮	⋮
合计		10700		960		9740	

58.

行政事业单位收款收据

交款单位（个人）：烟台化肥有限公司　　2017 年 12 月 15 日　　No.0842354

今收到：烟台化肥有限公司　　　　系付　职工电费
人民币（大写）玖佰陆拾元整　　　　¥960.00
收款单位公章（烟台市电信局 财务专用章）　会计：略　　经收人：略

第二联 收据

中国工商银行
转账支票存根
支票号码：001220
科目 _____
对方科目 _____
签发日期　年　月　日
收款人：
金　额：
用　途：
备　注：
单位主管：略　　　会计：略
复核：略　　　　　记账：略

12月16日发生业务：
59.

烟台化肥有限公司设备报废申请单

2017年12月16日

设备名称	电机	预计使用年限	10	已使用年限	9
设备编号	A010	原值（元）	50000	已提折旧（元）	45000
使用部门	生产车间	折余价值（元）	5000	预计残值（元）	1000
报废原因	不需用	技术部门意见	机器设备陈旧，影响产品质量，建议报废。 吴花		
报废处理建议	送废品公司回收	设备部门意见	同意报废。 张海		
企业领导意见	同意。 李爱红	报废日期	2017年12月16日		

经办部门：略　　　　　　　　设备科经办人：略

60.

中国工商银行
转账支票存根

支票号码：001221

科目 _____

对方科目 _____

签发日期 2017 年 12 月 16 日

收款人：烟台市搬运公司

金　额：¥500.00

用　途：电机清理费

备　注：

单位主管：略　　会计：略

复核：略　　　　记账：略

收 款 收 据

交款单位（个人）：烟台化肥有限公司　　2017 年 12 月 16 日　　No.0845464

今 收 到：烟台化肥有限公司　　　　系付 电机清理费

人民币（大写）伍佰元整　　　　　　¥500.00

收款单位公章：烟台搬运公司财务专用章　　会计：略　　经收人：略

第二联 收据

61.

烟台市废品公司
收购凭单

No.1111112

单位地址：港城东大街 26 号
税务登记号：3712345
工商登记号：7654321

2017 年 12 月 16 日

收购货物名称	计量单位	数 量	单价	金 额							
				万	千	百	十	元	角	分
废钢铁	千克	1000	1.0		1	0	0	0	0	0
合计金额（大写）	壹仟零佰零拾零元零角零分			¥	1	0	0	0	0	0

收款企业（盖章有效）：烟台市废品公司 财务专用章　　财务：　　开票人：刘美

中国工商银行 进账单(回单或收账通知)

2017 年 12 月 14 日

收款人	全 称	烟台化肥有限公司	付款人	全 称	烟台市废品公司
	账 号	1102020212141566789		账 号	1102020212141576543
	开户银行	工行天马中心办事处		开户银行	工行港城东大街分理处

人民币（大写）：壹仟元整	千 百 十 万 千 百 十 元 角 分
	¥ 1 0 0 0 0 0

票据种类	转账支票	收款人开户银行盖章：
票据张数	1 张	中国工商银行 天马中心办事处 转讫

单位主管：略　会计：略　复核：略　记账：略

125

62.

中国工商银行
转账支票存根

支票号码：001222

科目 _____

对方科目 _____

签发日期 2017 年 12 月 16 日

收款人：威海市五金件厂
金　额：¥11232.00
用　途：工具款
备　注：

单位主管：略　　会计：略
复核：略　　　　记账：略

山东增值税专用发票

3700125468　　　　　　　　　　　　　　　　　　No.362254879

发票联

开票日期：2017 年 12 月 16 日

购货单位	名　称：烟台化肥有限公司	密码区	503 4 # 3 % 8 9/>+<1 3 7 加密版本： 5<- <x+- - 5 5 2- </4 9 0 1 2<- 2 2- 1 3- 3- 6 3>8 7 3700031116 1 7 2 6 8 2 6 7 0<7+0 1785001
	纳税人识别号：340208830021266		
	地址、电话：烟台开发区长江路901号 0535-6372901		
	开户行及账号：工行天马中心办事处 1102020212141566789		

货物或应税劳务名称	规格型号	单位	数量	单价	金额	税率	税额
五金专用工具		件	20	480.00	9600.00	17%	1632.00
合　计					¥9600.00		¥1632.00

价税合计（大写）　⊗壹万壹仟贰佰叁拾贰元整　　（小写）¥11232.00

销货单位	名　称：威海市五金件厂	备注	威海市五金件厂 343688049105537 发票专用章
	纳税人识别号：343688049105537		
	地址、电话：观海路99号 0536-6793765		
	开户行及账号：工行威海市观海路分理处 1102020212256478654		

收款人：略　　复核：略　　开票人：略　　销货单位(盖章)：

第三联：发票联 购货方记账凭证

收料单

No.12008

供货单位：威海市五金件厂
发票号码：362254879　　　2017年12月16日　　　收货仓库：2号库

材料类别	名称及规格	计量单位	数量 应收	数量 实收	实际成本 单价	实际成本 金额
工具	扳手	件	20	20	480	9600
合计			20	20		9600

质量检验：略　　　收料：略　　　制单：略

（记账联）

12月18日发生业务：

63.

收款收据

年　月　日　　　　　　　　　　　　　No.00231

交款单位_____　　收款方式_____

金额（大写）_____　　¥_____

收款事由_____

单位盖章　　　现金收讫

负责人（略）　　会计（略）　　出纳（略）　　记账（略）

（第三联：记账联）

64.

产品出库单

用途：对外投资　　　2017年12月18日　　　凭证编号：12346
　　　　　　　　　　　　　　　　　　　　产成品库：一号

类别	编号	名称及规格	计量单位	数量	单位成本	总成本	附注
	001	氯基复合肥	吨	100			评估确认按公允价投资
合计				100			

记账：略　　保管：略　　检验：略　　制单：略

投资协议书

2017 年 12 月 18 日

投资单位	烟台化肥有限公司（甲方）	接受单位	华兴公司（乙方）
账号或地址	1102020212141566789	账号或地址	1102020212149987456
开户银行	工行天马中心办事处	开户银行	工行人民路办事处
投资金额	人民币（大写）：壹拾玖万玖仟捌佰元整		
协议条款	经双方友好协商达成如下协议： 1. 投资期限 5 年。 2. 在投资期限内甲方不得抽回投资。 3. 在投资期限内乙方保证甲方投资保值和增值。 4. 在投资期限内乙方应按利润分配规定支付甲方利润。 5. 未尽事宜另行商定。 甲方代表签字：王伟　　　　　　乙方代表签字：谈国平		

山东增值税专用发票

3700129118　　　　　　　　　　　　　　　　　　　　　No.36231008

此联不作报销、扣税凭证使用

开票日期：2017 年 12 月 18 日

购货单位	名　　称：华兴公司 纳税人识别号：340208830054859 地址、电话：烟台牟平区人民路 101 号 0535-7438975 开户行及账号：工行人民路办事处 1102020212149987456	密码区	5034#3%89/>+<137加密版本： 5<-<x+--552-</4901 2<-22-13-3-63>8 3700031116 17268 2670<7+0 1785001

货物或应税劳务名称	规格型号	单位	数量	单价	金额	税率	税额
氯基复合肥		吨	100	1800.00	180000.00	11%	19800.00
合　计					¥180000.00		¥19800.00
价税合计（大写）	⊗壹拾玖万玖仟捌佰元整				（小写）¥199800.00		

销货单位	名　　称：烟台化肥有限公司 纳税人识别号：340208830021266 地址、电话：烟台开发区长江路 901 号 0535-6372901 开户行及账号：工行天马中心办事处 1102020212141566789	备注	烟台化肥有限公司 340208830021266 发票专用章

收款人：略　　复核：略　　开票人：略　　销货单位(盖章)：

第一联：记账联　销货方记账凭证

65.

山东增值税专用发票

3700121548　　　　　　　　　　　　　　　　　　　　　　No.36221487

发票联
国家统一发票监制
国家税务局监制

开票日期：2017年12月18日

购货单位	名　　称：烟台化肥有限公司	密码区	5034#3%89/>+<137加密版本：
	纳税人识别号：340208830021266		5<- <x+- 552- </4 901
	地址、电话：烟台开发区长江路901号 0535-6372901		2<- 22- 1 3- 3- 6 3>8 73700031116
	开户行及账号：工行天马中心办事处 1102020212141566789		1 7 2 6 8 2 6 7 0<7+0 1785001

货物或应税劳务名称	规格型号	单位	数量	单价	金额	税率	税额
汽车		台	1	111111.11	111111.11	17%	18888.89
合　　计					¥111111.11		¥18888.89

价税合计（大写）	⊗壹拾叁万元整	（小写）¥130000.00

销货单位	名　　称：烟台金德汽车有限公司	备注	烟台金德汽车有限公司 340208830021877 发票专用章
	纳税人识别号：340208830021877		
	地址、电话：烟台开发区北京南路22号 6388789		
	开户行及账号：建行开发区支行 1102020212166775588		

收款人：略　　复核：略　　开票人：略　　销货单位（盖章）：

中国工商银行烟台支行　电子缴税付款凭证

转账日期：2017-12-18　　　　　　　　凭证字号：20171218-01

纳税人全称及纳税人识别号：烟台化肥有限公司 28978967

付款人全称：烟台化肥有限公司

付款人账号：6227676886532345876　　征收机关名称：山东省烟台市国家税务局

付款人开户银行：工行烟台分行天马中心 1102020212141566789　收款国库（银行）名称：国家金库烟台市支库

小写（合计）金额：¥11111.11　　　缴款书交易流水号：78956001

大写（合计）金额：人民币壹万壹仟壹佰壹拾壹元壹角壹分　　税票号码：100020102012

中国工商银行
天马中心办事处
转讫

税种名称	所属时间	实缴金额
车辆购置税	2016.12.18	¥11111.11

第二联　作付款回单（无银行收讫章无效）　　　复核　　　记账

| 中国工商银行 |
| 转账支票存根 |

支票号码：001223

科目 _____

对方科目 _____

签发日期 2017 年 12 月 18 日

| 收款人：烟台金德汽车有限公司 |
| 金　额：¥130000.00 |
| 用　途：购入小汽车 |
| 备　注： |

单位主管：略　　　会计：略

复核：略　　　　　记账：略

12月19日发生业务：

66.

| 中国工商银行现金支票存根 | 中国工商银行现金支票 | No.2017004 |

支票号码：2017004

附加信息：_____

出票日期：年　月　日

收款人：

金　额：

用　途：

单位主管：　　会计：

出票日期（大写）　年　月　日　付款行名称：

收款人：　　　　　　　　　　　出票人账号：

人民币（大写）

| 亿 | 千 | 百 | 十 | 万 | 千 | 百 | 十 | 元 | 角 | 分 |

用途_____　　　密码_____

上列款项请从我账户内支付

（烟台化肥有限公司 财务专用章）　（红李印爱）

出票人签章　　　复核：　　记账：

67.

中国工商银行 进账单（回单或收账通知）
2017 年 12 月 19 日

收款人	全 称	烟台化肥有限公司	付款人	全 称	烟台利农股份公司
	账 号	1102020212141566789		账 号	1102020212141532568
	开户银行	工行天马中心办事处		开户银行	工行海港路办事处

人民币（大写）：陆拾陆万陆仟元整	千 百 十 万 千 百 十 元 角 分
	¥ 6 6 6 0 0 0 0 0

票据种类	转账支票	收款人开户银行盖章：
票据张数	1 张	中国工商银行 天马中心办事处 转讫

单位主管：略 会计：略 复核：略 记账：略

68.

行政事业单位收款收据

交款单位（个人）：烟台化肥有限公司　　2017 年 12 月 19 日　　No.0841564

今 收 到：烟台化肥有限公司　　　　系付 王晓天医药费

人民币（大写）柒佰捌拾肆元整　　　　¥784.00

收款单位公章：烟台业达医院 收费专用章　　会计：张娟　　经收人：王小莉

第二联 收据

69.

山东增值税专用发票

3700129119　　　　　　　　　　　　　　　　　　　　　　　　No.36231009

此联不作报销、扣税凭证使用

开票日期：2017 年 12 月 19 日

购货单位	名　　　称：烟台光明花卉有限公司 纳税人识别号：340208795001242 地址、电话：烟台市高新区东海路008号 0535-8432678 开户行及账号：工商银行东海路办事处 1102020212141158469	密码区	5034＃3％89/>+<137加密版本： 5<- <x+- -552- </4 901 2<- 22- 1 3- 3- 6 3>8 73700031116 1 72682670<7+0　1785001

货物或应税劳务名称	规格型号	单位	数量	单价	金额	税率	税额
氯基复合肥		吨	2000	1800.00	3600000.00	11%	396000.00
合　　　计					¥3600000.00		¥396000.00

价税合计（大写）	⊗叁佰玖拾玖万陆仟元整	（小写）¥3996000.00

销货单位	名　　　称：烟台化肥有限公司 纳税人识别号：340208830021266 地址、电话：烟台开发区长江路901号 0535-6372901 开户行及账号：工行天马中心办事处 1102020212141566789	备注	（烟台化肥有限公司 340208830021266 发票专用章）

收款人：略　　　复核：略　　　开票人：略　　　销货单位(盖章)：

第一联：记账联　销货方记账凭证

中国工商银行
转账支票存根

支票号码：001224

科目

对方科目

签发日期 2017 年 12 月 19 日

收款人：	烟台运达物流有限公司
金　额：	¥4000.00
用　途：	垫付运费
备　注：	

单位主管：略　　　会计：略
复核：略　　　记账：略

12月20日发生业务：

70.

中国工商银行委托收款凭证（付款通知）

特约

托收日期：2017年12月20日

承付日期：2017年12月20日

付款人	全　　称	烟台化肥有限公司	收款人	全　　称	中国移动有限公司
	账号或地址	1102020212141566789		账号或地址	1102020212143456125
	开户银行	工行天马中心办事处		开户银行	工行泰山路办事处

托收金额	人民币（大写）：柒仟陆佰元整	千	百	十	万	千	百	十	元	角	分
					¥	7	6	0	0	0	0

备注：上列款项已由付款人开户银行从付款人账户全额扣划
此致！
付款人
（付款人开户行盖章）

科目：
对方科目：
转账日期：2017年12月20日
单位主管：　会计：
复核：　　　　记账：

71.

收 款 收 据

交款单位（个人）：烟台化肥有限公司　　2017年12月20日　　No.0841542

今　收　到：烟台化肥有限公司　　　系付 简易仓库出包工程款

人民币（大写）陆拾万元整　　　　¥600000.00

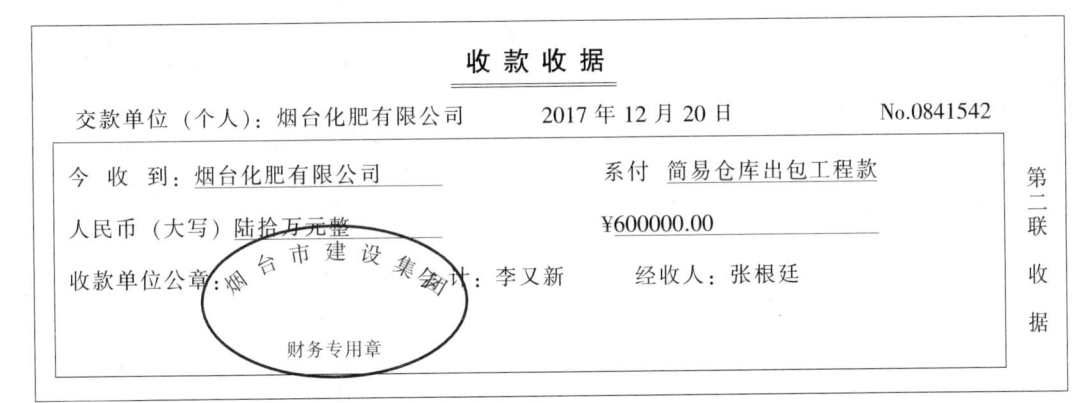

收款单位公章：烟台市建设集团（财务专用章）　　复核：李又新　　经收人：张根廷

第二联 收据

固定资产验收单

2017年12月20日

名称	单位	数量	价格	预计使用年限	使用部门
简易仓库	幢	1	1000000元	20年	成品仓库
备注					

制单：略　　　　　　　　　审核：略

中国工商银行
转账支票存根
支票号码：001225
科目 _____
对方科目 _____
签发日期 2017 年 12 月 20 日
收款人：烟台市建设集团
金　额：¥600000.00
用　途：简易仓库工程款
备　注：
单位主管：略　　会计：略
复核：略　　　　　记账：略

72.

中国工商银行 进账单（回单或收账通知）

2017 年 12 月 20 日

收款人	全称	烟台化肥有限公司	付款人	全称	烟台市政府
	账号	1102020212141566789		账号	1102020212141254687
	开户银行	工行天马中心办事处		开户银行	工行烟台分行

人民币（大写）：叁佰万元整

千	百	十	万	千	百	十	元	角	分
¥3	0	0	0	0	0	0	0	0	0

票据种类	转账支票
票据张数	1张

收款人开户银行盖章：
中国工商银行
天马中心办事处
转讫

单位主管：略　会计：略　复核：略　记账：略

12月25日发生业务：

73.

关于坏账确认的请示

厂领导：

　　山东福达有限公司因财务困难，尚欠我公司 200000.00 元购货款，已确认无法收回，请批准转作坏账损失处理。

　　经研究决定，同意财务科处理意见。

2017 年 12 月 25 日

74.

山东增值税专用发票

3700129120　　　　　　　　　　　　　　　　　　　　　　　　　　　　　No.36231010

此联不作报销、扣税凭证使用

开票日期：2017 年 12 月 25 日

购货单位	名　　称：山东农化有限公司								
^	纳税人识别号：340208830012345								
^	地址、电话：济南市人民路 15 号 0531-86837279								
^	开户行及账号：工行济南市人民路办事处 1102020212141512344								
密码区	5034#3%89/>+<137加密版本：5<-<x+--552-</4901 2<-22-13-3-63>8 7370121414 17268 2670<7+0　　1785701								

货物或应税劳务名称	规格型号	单位	数量	单价	金额	税率	税额
硫基复合肥		吨	10000	2000.00	20000000.00	11%	2200000.00
合　计					¥20000000.00		¥2200000.00

价税合计（大写）：⊗贰仟贰佰贰拾万元整　　（小写）¥22200000.00

销货单位	名　　称：烟台化肥有限公司
^	纳税人识别号：340208830021266
^	地址、电话：烟台开发区长江路 901 号 0535-6372901
^	开户行及账号：工行天马中心办事处 1102020212141566789

备注：（烟台化肥有限公司 340208830021266 发票专用章）

收款人：略　　复核：略　　开票人：略　　销货单位（盖章）：

第一联：记账联　销货方记账凭证

75.

山东增值税专用发票

3700121578　　　　　　　　　　　　　　　　　　　　　　　　　　　　　No.36222456

发票联

开票日期：2017 年 12 月 25 日

购货单位	名　　称：烟台化肥有限公司
^	纳税人识别号：340208795001242
^	地址、电话：烟台开发区长江路 901 号 0535-6372901
^	开户行及账号：工行天马中心办事处 1102020212141566789

密码区：5034#3%89/>+<137加密版本：5<-<x+--552-</4901 2<-22-13-3-63>8 73700012461 17268 2670<7+0　　850241

货物或应税劳务名称	规格型号	单位	数量	单价	金额	税率	税额
环保设备		台	1	2000000.00	2000000.00	17%	340000.00
合　计					¥2000000.00		¥340000.00

价税合计（大写）：⊗贰佰叁拾肆万元整　　（小写）¥2340000.00

销货单位	名　　称：山东宜兴环保有限公司
^	纳税人识别号：380613245673424
^	地址、电话：济南历城区泉港路 10 号 0531-333111
^	开户行及账号：工行济南分行 1102020212123456721

备注：（山东宜兴环保有限公司 380613245673424 发票专用章）

收款人：略　　复核：略　　开票人：略　　销货单位（盖章）：

第三联：发票联　购货方记账凭证

中国工商银行
转账支票存根

支票号码：001226

科目 _____

对方科目 _____

签发日期 2017 年 12 月 25 日

收款人：山东宜兴环保有限公司
金　额：¥2340000.00
用　途：购入环保设备
备　注：

单位主管：略　　　会计：略

复核：略　　　　　记账：略

固定资产验收单

2017 年 12 月 25 日

名称	单位	数量	价格	预计使用年限	使用部门
环保设备	台	1	2000000 元	10 年	技术部
备注					

制单：略　　　　　　　　　审核：略

76.

山东增值税专用发票

3700123216　　　　　　　发票联　　　　　　　No.36222789

开票日期：2017 年 12 月 25 日

购货单位	名　　称：烟台化肥有限公司 纳税人识别号：340208795001242 地址、电话：烟台开发区长江路 901 号 0535-6372901 开户行及账号：工行天马中心办事处 1102020212141566789	密码区	5034#3％89/>+<137加密版本： 5<- <x+- -552- </4 9 01 2<- 2 2- 1 3- 3- 6 3>8 7 3700012461 1 7 2 6 8 2 6 7 0<7+0　　850241

货物或应税劳务名称	规格型号	单位	数量	单价	金　额	税率	税　额
空调		台	100	3000	300000.00	17%	51000.00
合　　计					¥300000.00		¥51000.00

价税合计（大写）	⊗叁拾伍万壹仟元整	（小写）¥351000.00

销货单位	名　　称：山东国梅电器有限公司 纳税人识别号：370112376542143 地址、电话：烟台市芝罘区大马路 10 号 0535-8234531 开户行及账号：工行烟台分行 1102020212123456300	备注	山东国梅电器有限公司 370112376542143 发票专用章

收款人：略　　复核：略　　开票人：略　　销货单位(盖章)：

中国工商银行
转账支票存根

支票号码：001227

科目

对方科目

签发日期 2017 年 12 月 25 日

收款人：山东国梅电器有限公司
金　额：¥351000.00
用　途：购入空调
备　注：

单位主管：略　　会计：略
复核：略　　　　记账：略

物资验收单

2017 年 12 月 25 日

名称	单位	数量	价格	预计使用年限	使用部门
空调	台	100	351000	4 年	行政部
备注					

审核：略　　　　　　　　　　　制单：略

12 月 26 日发生业务：

77.

山东省国家税务局通用机打发票

发票代码 137031230109
发票号码 02891203

发票代码：137031230109

发票号码：02891203

付款方名称：烟台化肥有限公司

品名：93 号汽油

单价：7.27　数量：34.39

金额大写：贰佰伍拾元整

金额小写：250.00

收款单位：中国石油化工股份有限公司

山东烟台石油分公司

（盖章）

开票人：王金

税控号：142496782525521377756

备注：

山东省国家税务局通用机打发票

发票代码 137031248907
发票号码 02891998

发票代码：137031248907

发票号码：02891998

付款方名称：烟台化肥有限公司

品名：93号汽油

单价：7.27　数量：41.26

金额大写：叁佰元整

金额小写：300.00

收款单位：中国石油化工股份有限公司

山东烟台石油分公司

（盖章）

开票人：王金　　890127865431003

税控号：14249678252552137756

备注：

78.

中国工商银行 进账单（回单或收账通知）

2017年12月26日

收款人	全称	烟台化肥有限公司	付款人	全称	山东农化有限公司
	账号	1102020212141566789		账号	1102020212141512344
	开户银行	工行天马中心办事处		开户银行	工行济南人民路办事处

人民币（大写）：肆仟柒佰柒拾叁万元整	千	百	十	万	千	百	十	元	角	分
	4	7	7	3	0	0	0	0	0	0

票据种类	转账支票	收款人开户银行盖章：
票据张数	1张	中国工商银行 天马中心办事处 转讫

单位主管：略　会计：略　复核：略　记账：略

79.

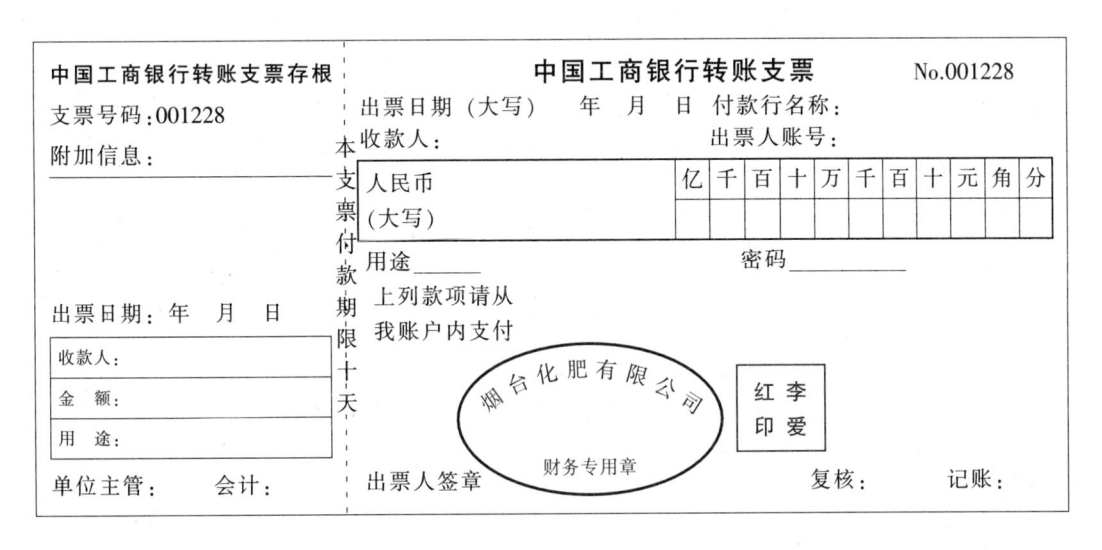

委托买入交割单

买卖类别：买入　　　　　　　　　　　成交日期：2017.12.26
股东代码：0127598　　　　　　　　　 股东姓名：烟台化肥有限公司
证券代码：0063326　　　　　　　　　 合同号码：0421623
证券名称：金晶股份公司　　　　　　　委托时间：14:26:10
成交号码：90325654　　　　　　　　　成交时间：14:30:09
成交价格：10.00　　　　　　　　　　 上次余额：0 股
成交股数：200 000　　　　　　　　　 本次余额：200 000 股
成交金额：2 000 000　　　　　　　　 交易佣金：4 000.00
过户费：100.00　　　　　　　　　　　印花税：
其他收费：　　　　　　　　　　　　　收付金额：2 004 100.00

（齐鲁证券有限公司 2017.12.26 结算章）

中国工商银行转账支票存根
支票号码：001228
附加信息：

出票日期：　年　月　日
收款人：
金额：
用途：
单位主管：　　会计：

中国工商银行转账支票　　No.001228

出票日期（大写）　年　月　日　付款行名称：
收款人：　　　　　　　　　　　出票人账号：

人民币（大写）

亿	千	百	十	万	千	百	十	元	角	分

用途_____　　密码_____
上列款项请从我账户内支付

出票人签章（烟台化肥有限公司 财务专用章）（李红 爱印）　复核：　记账：

本支票付款期限十天

12月29日发生业务：

80.

中国工商银行 进账单（回单或收账通知）
2017 年 12 月 29 日

收款人	全 称	烟台化肥有限公司	付款人	全 称	烟台利农股份公司
	账 号	1102020212141566789		账 号	1102020212141532568
	开户银行	工行天马中心办事处		开户银行	工行海港路办事处

人民币（大写）：陆拾陆万陆仟元整	千 百 十 万 千 百 十 元 角 分
	¥ 6 6 6 0 0 0 0 0

票据种类	转账支票	收款人开户银行盖章：
票据张数	1张	中国工商银行 天马中心办事处 转讫

单位主管：略 会计：略 复核：略 记账：略

81.

中国工商银行 进账单（回单或收账通知）
2017 年 12 月 29 日

收款人	全 称	烟台化肥有限公司	付款人	全 称	金晶股份公司
	账 号	1102020212141566789		账 号	1102021256423156856
	开户银行	工行天马中心办事处		开户银行	烟台胜利路办事处

人民币（大写）：肆万元整	千 百 十 万 千 百 十 元 角 分
	¥ 4 0 0 0 0 0 0

票据种类	转账支票	收款人开户银行盖章：
票据张数	1张	中国工商银行 天马中心办事处 转讫

单位主管：略 会计：略 复核：略 记账：略

82.

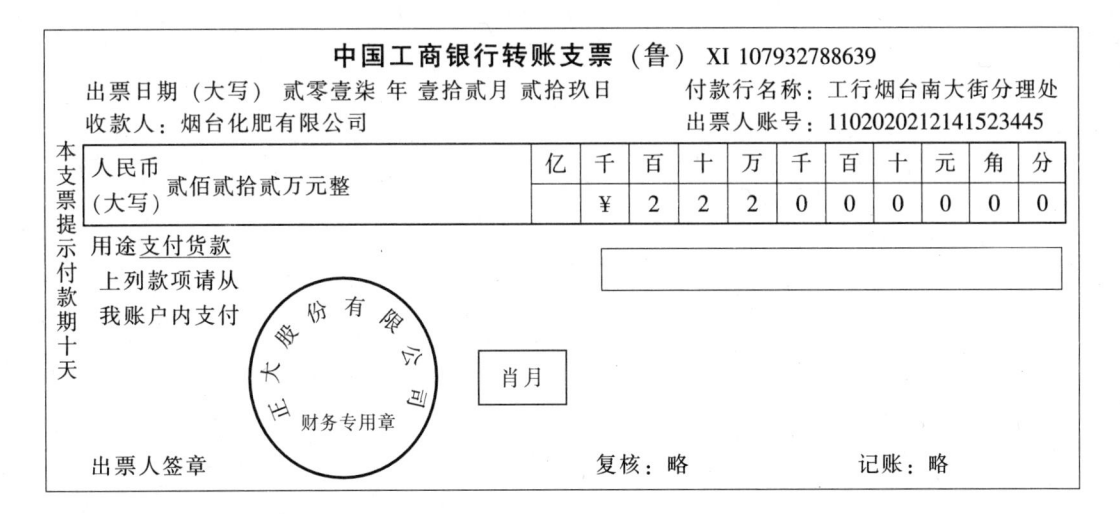

山东增值税普通发票

3700121245　　　　　　　　　　　　　　　　　　　　　　　　　No.36231337

发票联
国家税务局监制

开票日期：2017 年 12 月 25 日

购货单位	名　　称：烟台化肥有限公司 纳税人识别号：340208830021266 地址、电话：烟台开发区长江路901号 0535-6372901 开户行及账号：烟台开发区天马中心办事处 1102020212141566789	密码区	343 4 # 3 % 8 9/>+<1 3 7 5<- <x+- - 5 5 2- </4 9 2<- 2 2- 1 3- 3- 6 3>8 7 1 2 2 3 4 2 7 4 0<6+3

货物或应税劳务名称	规格型号	单位	数量	单价	金额	税率	税额
办公用品		个	1	776.70	776.70	3%	23.30
合　　计					¥776.70		¥23.30

价税合计（大写）　⊗人民币捌佰元整　　　　　（小写）¥800.00

销货单位	名　　称：烟台华美有限公司 纳税人识别号：340208830073889 地址、电话：烟台开发区珠江路19号 0535-6334651 开户行及账号：工行天马中心办事处 1102020212141578123	备注	（烟台华美有限公司 340208830073889 发票专用章）

收款人：略　　　复核：略　　　开票人：略　　　销货单位(盖章)：

第三联：发票联 购货方记账凭证

83.

中国工商银行转账支票 （鲁） XI 107932788639

出票日期（大写） 贰零壹柒 年 壹拾贰月 贰拾玖日　　付款行名称：工行烟台南大街分理处
收款人：烟台化肥有限公司　　　　　　　　　　　出票人账号：1102020212141523445

人民币 （大写）	贰佰贰拾贰万元整	亿	千	百	十	万	千	百	十	元	角	分
		¥	2	2	2	0	0	0	0	0	0	0

本支票提示付款期十天

用途 支付货款
上列款项请从
我账户内支付

（正大股份有限公司 财务专用章）　肖月

出票人签章　　　　　　　　　复核：略　　　　记账：略

山东增值税专用发票

3700129121　　　　　　　　　　　　　　　　　　　　　　　　　　No.36231011

此联不作报销、扣税凭证使用

开票日期：2017 年 12 月 29 日

购货单位	名　称：正大股份有限公司	密码区	503 4 # 3 % 8 9/>+<1 3 7 5<- <x+- - 5 5 2- </4 9 2<- 2 2- 1 3- 3- 6 3>8 7 1 7 2 6 8 2 6 7 0<7+0
	纳税人识别号：340208830045643		
	地址、电话：烟台开发区长江路 101 号 0535-3478123		
	开户行及账号：工行烟台南大街分理处 1102020212141523445		

货物或应税劳务名称	规格型号	单位	数量	单价	金　额	税率	税　额
土地使用权		项	1	2000000.00	2000000.00	11%	220000.00
合　计					¥2000000.00		¥220000.00

价税合计（大写）　⊗贰佰贰拾贰万元整　　　　　（小写）¥2220000.00

销货单位	名　称：烟台化肥有限公司	备注	（烟台化肥有限公司 340208830021266 发票专用章）
	纳税人识别号：340208830021266		
	地址、电话：烟台开发区长江路 901 号 0535-6372901		
	开户行及账号：工行天马中心办事处 1102020212141566789		

收款人：略　　　复核：略　　　开票人：略　　　销货单位（盖章）：

第一联：记账联　销货方记账凭证

中国工商银行 进账单（回单或收账通知）

年　月　日

收款人	全　称		付款人	全　称	
	账　号			账　号	
	开户银行			开户银行	

千 百 十 万 千 百 十 元 角 分

人民币（大写）：

| 票据种类 | | 票据张数 | |
| 票据号码 | | | |

收款人开户银行盖章：

中国工商银行
天马中心办事处
转讫

单位主管：略　会计：略　复核：略　记账：略

已售土地使用权计算表

年　月　日　　　　　　　　　　　　　　　单位：元

项　目	金　额
土地使用权原值	
土地使用权累计摊销	
土地使用权账面价值	

（烟台化肥有限公司 财务专用章）

84.

行政事业单位收款收据

交款单位（个人）：烟台化肥有限公司　　2017 年 12 月 29 日　　No.784390

今　收　到：烟台化肥有限公司　　　系付　产品展销摊位费

人民币（大写）肆仟捌佰元整　　　　￥4800.00

收款单位公章：（烟台市展览馆 财务专用章）　会计：杜威　　经收人：王艳

第二联 收据

中国工商银行
转账支票存根

支票号码：001229

科目

对方科目

签发日期 2017 年 12 月 29 日

| 收款人：烟台市展览馆 |
| 金　额：￥4800.00 |
| 用　途：产品展销摊位费 |
| 备　注： |

单位主管：略　　会计：略
复核：略　　　　记账：略

163

85.

中国工商银行
转账支票存根

支票号码：001230

科目 _____

对方科目 _____

签发日期 2017 年 12 月 29 日

收款人：烟台建筑工程有限公司

金　额：¥140000.00

用　途：建设生产车间工人工资

备　注：

单位主管：略　　会计：略

复核：略　　　　记账：略

86.

固定资产验收单

编号：10021

名称	厂房	出厂编号	15126
型号（规格）		原值	
生成厂家	烟台建筑工程有限公司	建造日期	2016 年 05 月 08 日
设备安装调试情况：办理竣工验收手续				
设备验收结论：厂房达到预定可使用状态				
参加验收人员：叶文　孙云　张明　李达　金建华				
备注：				

保管部门签章：金建华　　　　　日期：2017.12.29

使用部门签章：孙云　　　　　　日期：2017.12.29

（一式三份：资产管理部门一份，使用部门一份，生成厂家一份）

12月30日发生业务：
87.

申 请

　　经调查发现，供应商兴达化工有限公司已破产，无法联系到相关负责人，我公司所欠兴达化工有限公司货款 150000.00 元（大写：人民币壹拾伍万元整）无法支付，特申请转作营业外收入。

财务主管：略　　　　　　单位负责人：略

2017 年 12 月 30 日

88.

收 款 收 据

年　月　日　　　　　　　　　　　　　　No.00234

交款单位_____　收款方式_____

金额（大写）_____　¥_____

收款事由_____

单位盖章　　现金收讫

第一联：记账联

负责人（略）　　会计（略）　　出纳（略）　　记账（略）

89.

山东增值税普通发票

370023451756　　　　　　　　　　　　　　　　　　　　　　　No.36258421

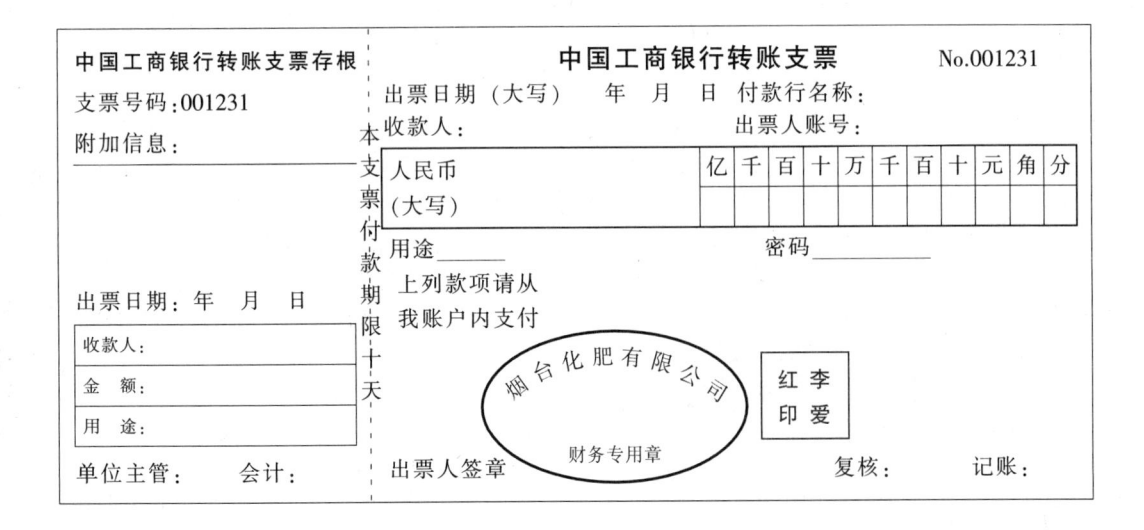

开票日期：2017年12月30日

购货单位	名称：烟台化肥有限公司	密码区	1 4 3　2 # 3 ％ 8 9/>+<1 3 7 5<- <x+- - 5 54 2- </4 9 2<- 2 3-3 3- 3- 6 3>8 7 3 2 4 35 2 6 60<2+54
	纳税人识别号：340208830021266		
	地址、电话：烟台开发区长江路901号 0535-6372901		
	开户行及账号：工行天马中心办事处 1102020212141566789		

货物或应税劳务名称	规格型号	单位	数量	单价	金额	税率	税额
装修费			1	60970.87	60970.87	3%	1829.13
合　计					¥60970.87		¥1829.13

价税合计（大写）	⊗陆万贰仟捌佰元整	（小写）¥62800.00

销货单位	名称：烟台万家装饰有限公司	备注	烟台万家装饰有限公司 340208830098563 发票专用章
	纳税人识别号：340208830098563		
	地址、电话：烟台莱山区轸大路9号 0535-6489123		
	开户行及账号：工行轸大办事处 11020202121417683452		

收款人：略　　复核：略　　开票人：略　　销货单位（盖章）：

中国工商银行转账支票存根	中国工商银行转账支票	No.001231

支票号码：001231

附加信息：

出票日期：年 月 日

收款人：

金额：

用途：

单位主管：　会计：

出票日期（大写）　年　月　日　　付款行名称：

收款人：　　　　　　　　　　　　出票人账号：

人民币 （大写）	亿	千	百	十	万	千	百	十	元	角	分

用途_____　　　密码_____

上列款项请从我账户内支付

烟台化肥有限公司　　红李
财务专用章　　　　印爱

出票人签章　　　　　复核　　　　记账：

90.

山东增值税专用发票

37002334532 No.36241246

发票联
国家税务局监制

开票日期：2017 年 12 月 30 日

购货单位	名称：烟台化肥有限公司 纳税人识别号：340208830021266 地址、电话：烟台开发区长江路 901 号 0535-6372901 开户行及账号：工行天马中心办事处 1102020212141566789	密码区	57783 2 # 3 % 8 9/>+<1 3 7 5<- <x+- - 5 54 2- </4 9 2<- 3455 3- 3- 6 3>8 7 66342254 35 2 6 34<2+65

货物或应税劳务名称	规格型号	单位	数量	单价	金额	税率	税额
修理费			1	256.41	256.41	17%	43.59
合　计					¥256.41		¥43.59

价税合计（大写）	⊗叁佰元整	（小写）¥300.00

销货单位	名称：烟台福泉汽修有限公司 纳税人识别号：340208830044535 地址、电话：烟台莱山区东大街 39 号 0535-6792145 开户行及账号：工行东大街办事处 11020202121417634552	备注	烟台福泉汽修有限公司 340208830044535 发票专用章

第三联：发票联　购货方记账凭证

收款人：略　　复核：略　　开票人：略　　销货单位（盖章）：

91.

中国工商银行
转账支票存根

支票号码：001232

科目

对方科目

签发日期 2017 年 12 月 30 日

| 收款人：烟台美联地产 |
| 金　额：¥3000.00 |
| 用　途：房租 |
| 备　注： |

单位主管：略　　会计：略
复核：略　　记账：略

12月31日发生业务：

92.

应收票据利息计算表

年　月　日

票据种类		票面金额	
计息时间		票面利率	
应得利息	人民币（大写）		¥

复核：略　　　　　　　　　　制表：略

93.

应收债券利息计算表

年　月　日

债券名称		发行单位	
债券面值		债券数量	
债券票面利率		计息时间	年　月
应收利息	人民币（大写）		¥
债券投资损益	人民币（大写）		¥

财务盖章：（烟台化肥有限公司 财务专用章）　　复核：略　　　　制表：略

94.

应付职工薪酬分配计算表
年　月　日

部门	账户	产品、劳务	定额工时	分配率	职工薪酬分配额
基本生产车间	生产成本	氯基复合肥	60 小时/吨		
		硫基复合肥	40 小时/吨		
	制造费用			——	399580
	合计			——	2899580
机修车间	生产成本	维修		——	400000
销售机构	销售费用			——	600000
管理部门	管理费用			——	500000
合计				——	4399580

95.

职工福利计提分配表
年　月　日

部门	账户	产品、劳务	应付职工薪酬	提取率	职工福利
基本生产车间	生产成本	氯基复合肥			
		硫基复合肥			
	制造费用				
机修车间	生产成本	维修			
销售机构	销售费用				
管理部门	管理费用				
合计					

96.

工会经费和职工教育经费计提表
年　月　日

工资总额	工会经费		职工教育经费	
	提取率	提取额	提取率	提取额
合计				

97.

住房公积金计提表

年　月　日

部门		应付工资	住房公积金（12%）
基本生产车间	氨基复合肥		
	氯基复合肥		
	车间管理人员	399580	
	小计	2899580	
机修车间		400000	
销售机构		600000	
管理部门		500000	
合计		4399580	

98.

养老保险等费用计算及分配表

年　月　日

部门		应付工资	养老保险(21%)	医疗保险(9%)	失业保险(2%)	生育保险(1%)	工伤保险(0.5%)	合计
基本生产车间	氯基复合肥							
	氨基复合肥							
	车间管理人员	399580						
	小计	2899580						
机修车间		400000						
销售机构		600000						
管理部门		500000						
合计		4399580						

复核：略　　　　　　　　制单：略

99.

全年一次性奖金汇总表
2017 年 12 月 31 日

部门	基本生产车间		机修车间	销售机构		管理部门	合计
	生产工人	管理人员		业务员	销售经理		
奖金	90000	110000	110000	110000	120000	120000	650000

复核：略　　　　　　　　　　　　　制单：略

100.

固定资产折旧计提表
2017 年 12 月 31 日

部门	固定资产名称	原值	月折旧率	月折旧额
基本生产车间	房屋建筑物	80000000	0.2%	160000
	机器设备	30000000	0.5%	150000
	小计	110000000		310000
维修车间	房屋建筑物	20000000	0.2%	40000
	机器设备	12000000	0.5%	60000
	小计	32000000		100000
专设销售机构	房屋建筑物	10000000	0.2%	20000
	运输工具	800000	0.8%	6400
	小计	10800000		26400
厂部管理机构	房屋建筑物	48000000	0.2%	96000
	电子设备	1520000	1.6%	24320
	运输工具	500000	0.8%	4000
	小计	50020000		124320
合计		202820000		560720

复核：略　　　　　　　　　　　　　制单：略

101.

投资性房地产折旧计算表

名称：　　　　　　　　　　年　月　日

原值	使用年限	应提折旧金额	净值

复核：略　　　　　　　　　　　　制单：略

（盖章：烟台化肥有限公司 财务专用章）

102.

无形资产摊销表

年　月　日

原　值	摊销年限	摊销额
合计		

（盖章：烟台化肥有限公司 财务专用章）

103.

领料单

领用部门：生产部门　　　2017 年 12 月 17 日　　　编号：006

用途：生产氯基复合肥　　　　　　　　　　　　　　仓库：1 号仓

材料编号	材料名称及规格	单位	数量 请领	数量 实领	单价	金额
101	氯化钾	吨	4000	4000		
合计			4000	4000		

审批人：王华　　　　　发料人：杨珂　　　　　领料人：张国志

领料单

领用部门：生产部门　　　　2017 年 12 月 20 日　　　　　　编号：007

用途：生产氯基复合肥　　　　　　　　　　　　　　　　　　仓库：1 号仓

材料编号	材料名称及规格	单位	数量 请领	数量 实领	单价	金额
101	氯化钾	吨	2400	2400		
102	氯化铵	吨	2600	2600		
合计			5000	5000		

审批人：王华　　　　　　发料人：杨珂　　　　　　领料人：张国志

领料单

领用部门：生产部门　　　　2017 年 12 月 25 日　　　　　　编号：008

用途：生产氯基复合肥　　　　　　　　　　　　　　　　　　仓库：1 号仓

材料编号	材料名称及规格	单位	数量 请领	数量 实领	单价	金额
101	氯化钾	吨	3000	3000		
合计			3000	3000		

审批人：王华　　　　　　发料人：杨珂　　　　　　领料人：张国志

领料单

领用部门：生产部门　　　　2017 年 12 月 28 日　　　　　　编号：009

用途：生产氯基复合肥　　　　　　　　　　　　　　　　　　仓库：1 号仓

材料编号	材料名称及规格	单位	数量 请领	数量 实领	单价	金额
101	氯化钾	吨	2400	2400		
102	氯化铵	吨	1600	1600		
合计			4000	4000		

审批人：王华　　　　　　发料人：杨珂　　　　　　领料人：张国志

领料单

领用部门：生产部门　　　　　2017 年 12 月 30 日　　　　　　　　编号：010
用途：生产氯基复合肥　　　　　　　　　　　　　　　　　　　　　仓库：1 号仓

材料编号	材料名称及规格	单位	数量 请领	数量 实领	单价	金额
103	包装袋	个	100000	100000		
合计			100000	100000		

审批人：王华　　　　　　发料人：杨珂　　　　　　领料人：张国志

领料汇总表

年　月　日　　　　　　　　　　　　　　　　　单位：元

领料部门	用途	材料品种	数量	单价	金额
合　计					

编制：略　　　　　　　　　　　　　　　　审核：略

104.

原材料收入汇总表

年　月　日

项目	名称	计量单位	收入数量	实际成本	计划成本	成本差异
原料及主要材料	氯化钾	吨				
	氯化铵	吨				
	小计					
辅助材料	C 材料	吨				
	小计					
包装材料	包装袋	个				
合计						

105.

本月原材料成本差异率计算表
年　月　日

项　目	计量单位	月初材料成本差异+本月购进材料成本差异	月初加本月购进材料计划成本	本月材料成本差异率
合　计				

本月发出材料成本差异计算表
年　月　日

原材料名称	产品或部门（用途）					
	氯基复合肥			硫基复合肥		
	计划价	差异率	差异额	计划价	差异率	差异额
氯化钾						
氯化铵						
合　计						

106.

本月水费、电费耗用明细表
2017 年 12 月 31 日

部门或用途	水			电		
	数量(m³)	单价(元)	金额	数量(度)	单价(元)	金额
基本生产车间	10000	5.00	50000	15000	0.8	12000
辅助生产车间	2000	5.00	10000	6000	0.8	4800
销售机构	200	5.00	1000	2000	0.8	1600
管理部门	1200	5.00	6000	2000	0.8	1600
合　计	13400		67000	25000		20000

107.

坏账准备提取计算表
年 月 日

账户名称	期末余额	坏账提取率	应提取额	坏账准备余额	实际提取额
合　计					

108.

金融资产成本与公允价值比较表
年 月 日

种　类	账面价值	公允价值	变动损益
持有至到期投资		1050000	
交易性金融资产		50000	
可供出售金融资产		2100000	

109.

长期股权投资损益调整计算表
年 月 日

被投资公司	投资比例	会计期间	被投资单位净利润	损益调整金额
合计				

会计：略　　　　　　复核：略　　　　　　制单：略

110.

其他综合收益变动计算表

年　月　日

被投资公司	投资比例	被投资公司其他综合收益变动额	按投资比例调整金额
合计			

会计：略　　　　　　　　复核：略　　　　　　　　制单：略

111.

辅助生产成本分配表

年　月　日

产品名称	生产定额工时	分配率（元/小时）	分配额
合　计			

112.

制造费用分配表

年　月　日

产品名称	生产定额工时	分配率（元/小时）	分配额
合　计			

113.

产品入库单

编 号：　　　　　　　　　　　　　年　月　日

商品名称	数　量	单　位	单　价	金　额

114.

税金及附加计算表

年　月　日

项　目	金　额
产品销项税额	
进项税额	
进项税额转出	
应纳增值税额	
应纳城建税额（7%）	
应交教育费附加（3%）	

115.

产 品 出 库 单

用　途：　　　　　　　　　　　　年　月　日

名称及规格	计量单位	数量	单位成本	总成本	附注：
合　计					

保管：略　　　　　检验：略　　　　　制单：略

116.

收益类账户本月发生额汇总表
年　月　日

收入类账户	本月发生额

117.

收益类账户本月发生额汇总表
年　月　日

支出类账户	本月发生额

118.

应交所得税费用计算表
2017 年度

全年利润总额	应调整数	全年应纳税所得额	所得税费用率	应交所得税费用

119.

利润分配表
年度

项　目	金　额	分配率	分配额
上年未分配利润			
本年净利润			
可供分配利润			
法定盈余公积			
法定公益金			
应付投资者股利			

120.

本年利润和利润分配结转表
年度

账　户	金　额
本年利润	
利润分配——法定盈余公积	
——法定公益金	
——应付投资者利润	
——未分配利润	

图书在版编目(CIP)数据

企业会计项目综合实训/王月华,顾洪梅,于水主编.--北京：中国书籍出版社,2017.11
ISBN 978-7-5068-6611-8

Ⅰ.①企… Ⅱ.①王… ②顾… ③于… Ⅲ.①企业会计-高等职业教育-教材 Ⅳ.①F275.2

中国版本图书馆 CIP 数据核字(2017)第 294539 号

企业会计项目综合实训

王月华　顾洪梅　于水　主编

责任编辑	丁　丽
责任印制	孙马飞　马　芝
封面设计	管佩霖
出版发行	中国书籍出版社
地　　址	北京市丰台区三路居路 97 号（邮编：100073）
电　　话	（010）52257143（总编室）　　（010）52257140（发行部）
电子邮箱	eo@chinabp.com.cn
经　　销	全国新华书店
印　　刷	蓬莱市新华印刷有限公司
开　　本	787 mm × 1092 mm　1/16
字　　数	246 千字
印　　张	13
版　　次	2017 年 11 月第 1 版　2017 年 11 月第 1 次印刷
书　　号	ISBN 978-7-5068-6611-8
定　　价	36.00 元

版权所有　翻印必究